Almuth Bartl

Spielend schlauer werden!

Fördern statt überfordern: 101 Anregungen für kreative, neugierige Kinder und ihre Eltern

Ökotopia Verlag, Münster

Die Autorin

Almuth Bartl ist Pädagogin und Autorin vieler, sehr erfolgreicher Kinderbeschäftigungsbücher, Elternratgeber und pädagogischer Fachliteratur. Bücher der Autorin wurden bereits in 30 Sprachen übersetzt. Almuth Bartl lebt mit ihrem Mann und ihren Kindern im Süden von München.

Impressum

Autorin:	Almuth Bartl
Illustrationen:	Kasia Sander
Redaktion:	Bernhard Schön, Idstein
Satz:	Hain-Team, Bad Zwischenahn
Titelfoto:	Almuth Bartl

© 2008 Ökotopia Verlag, Münster

1 2 3 4 5 6 7 8 9 • 13 12 11 10 09 08

ISBN 978-3-86702-061-9

Inhalt

Vorwort

Ich höre, und ich vergesse;
ich sehe, und ich erinnere mich;
ich tue selber, und ich verstehe.
KONFUZIUS

Kinder brauchen, um gedeihen zu können, in erster Linie die Liebe ihrer Eltern. Nur, wenn die Eltern ihr Kind rückhaltlos annehmen, bereiten sie ihm den fruchtbaren Boden, auf dem es wachsen und lernen kann. Intensiver, liebevoller Kontakt, ein fröhlicher Umgangston, eine Familie mit möglichst wenig Kummer – diese Dinge sind bei weitem wichtiger als ein Papa, der das Einmaleins abfragt, eine Oma, die viel Geld für das beste Fördermaterial ausgibt, oder eine Mama, die die Durchschnittsnoten für den Übergang aufs Gymnasium nachrechnet.

1.
Das weiß doch jedes Kind

Von Anfang an sind Kinder darauf aus, selbständig zu werden. »Cati selber«
war der erste Zweiwortsatz meiner Tochter. Um dieses Ziel zu erreichen, wollen
die Kinder ihr Umfeld durchschauen und die Regeln verstehen, mit denen sie leben. Deshalb sind sie neugierig und lernbegierig. Wird dieser Antrieb nicht ge-
hegt und gepflegt, gibt sich der Lerneifer bald wieder, und aus neugierigen, hell-
wachen Kindern werden stumpfe, gelangweilte Zeitgenossen, denen es an körperlicher und geistiger Beweglichkeit mangelt. Um das zu verhindern, brauchen
Kinder reichhaltige Nahrung für Hand, Herz und Verstand. Aufgabe der Eltern ist
es, positive Anreize in Spiele zu verpacken, die den Spaß am Lernen betonen und
keinen Druck machen. Dazu gehört das bewusste Erforschen des heimatlichen
Umfeldes: die eigene Wohnung, die Nachbarschaft, die Stadt, aber auch Erfahrungen mit anderen Ländern und Kulturen.

Wir backen

Kinder sind meistens gerne dabei, wenn gebacken wird. Einen zusätzlichen Lerneffekt bekommt das Backen, wenn das Kind die Zutaten abmessen darf, also: 250 Gramm Zucker, 300 Gramm Mehl ...

Weil wir gerade dabei sind, wird die Torte nicht einfach in Stücke geschnitten, sondern zuerst in Hälften, dann in Viertel, dann in Achtel, und bevor das gute Stück verspeist wird, überlegt man noch, wie viele Achtel so groß sind wie ein Viertel, und wie groß jedes Stück wäre, wenn 20 Menschen eines haben wollten etc.

Stellen Sie während des Backens ab und zu Fragen wie:

- ♥ Warum schmeckt der Teig süß?
- ♥ Warum wird der Hefeteig so groß?
- ♥ Warum schmilzt die Schokolade?

Im Supermarkt

- ♥ Lassen Sie Ihr Kind im Supermarkt verschiedene Pakete hochheben und das jeweilige Gewicht schätzen! Vergleichen Sie dann gemeinsam anhand der Gewichtsangaben auf dem Paket.
- ♥ Auch interessant, spannend und lehrreich: Welche Ananas (Melone, Banane ...) ist schwerer als die andere. Das Kind legt die Vergleichsgegenstände dann auf die Waage im Supermarkt und stellt so gleich selbst fest, ob seine Schätzung richtig war.
- ♥ Größere Kinder überlegen, wie viel der gesamte Einkauf wohl kosten wird. Dazu überschlagen sie die aufgerundeten Preise, wenn sie die Gegenstände auf das Kassenfließband legen. Am Anfang sollten das nicht mehr als fünf Dinge sein, später dann mehr.

Vergleichen

Dieses kleine Spiel kann man prima zwischendurch spielen.

- ♥ *»Was ist größer, ein Hund oder eine Maus?«*
- ♥ *»Was ist länger, ein Regenwurm oder ein Krokodil?«*
- ♥ Wer möchte, kann für jede richtige Antwort ein Gummibärchen oder eine Rosine als Belohnung überreichen.
- ♥ Weitere Vergleiche: Was ist dicker, schwerer, schneller, teurer ...?

Tier-Quiz-Wettlauf

Alle Kinder bis auf eins stellen sich nebeneinander in einer Linie auf. Das eine ist der Quizmaster. Er bekommt einen Ball und steht ungefähr zehn Schritte weit entfernt den anderen gegenüber. Nun wirft er den Ball einem beliebigen Kind zu und sagt entweder »Fisch«, »Insekt« oder »Vogel«. Bei »Fisch«, muss der Fänger einen Fisch nennen, z. B. »Forelle«, und den Ball zurückwerfen. Stimmt die Antwort, darf er einen Schritt vorrücken. Gibt das Kind eine falsche Antwort oder nennt einen Begriff, der schon einmal genannt wurde, so muss es an seinem Platz stehenbleiben. Gewonnen hat, wer bis zum Quizmaster vorgerückt ist. Er wird neuer Quizmaster in der nächsten Spielrunde.

Tipp: Statt der Tiergattungen werden Pflanzenarten (Blumen – Bäume – Pilze),

Namen (Mädchen-, Jungen, Familien-) oder andere Unterteilungen gewählt.

Das Speisekarten-Spiel

Jeder darf zuerst die Preise der angebotenen Speisen auf der Karte studieren. Dann werden die Speisekarten eingesammelt, und nur der Spielleiter behält seine. Er nennt ein Gericht, z. B. »Wiener Schnitzel«, und fragt, wie viel das Gericht kostet.

Haben alle ihre Tipps abgegeben, erhält derjenige einen Punkt, der am besten geschätzt hat. So wird weitergespielt, bis ein Spieler drei Punkte ergattert hat und Sieger ist.

Variante: Einer liest z. B. »Jägerschnitzel« vor, und die anderen raten die Beilage, etwa Pommes frites oder Salat.

Rate mal!

- ♥ Wie viele Gummibärchen sind in der Tüte?
- ♥ Wie lang dauert eine Minute?
- ♥ Was ist wohl in diesem geheimnisvollen Päckchen?
- ♥ Was ist unter dem Tuch versteckt?
- ♥ Wie viele Schritte sind es von der Haustür bis zur Garagentür?
- ♥ Wie viele Autos werden uns auf dem Weg von zu Hause bis zur Schule begegnen?

Links und rechts

So lernt man ganz leicht, links und rechts zu unterscheiden: Das Kind malt geheim ein Tier oder einen Gegenstand auf ein Blatt Papier. Ein anderes bekommt ebenfalls ein Blatt und eine Stelle auf dem Blatt angewiesen, an dem es seinen Stift ansetzen soll. Dann versucht das Kind, den Partner durch Kommandos wie: »nach oben«, »nach links« usw. so zu steuern, dass dieser zumindest ein ähnliches Bild auf sein Blatt malt – und das ist gar nicht so einfach! Errät der Partner, was er da gerade zeichnet?

Die Landkarte

Kartenlesen ist eine ganz wichtige Fähigkeit, die Grundschulkinder lernen können.

- ♥ Zuerst wird eine Landkarte vom Kinderzimmer gemalt. Wir stellen uns vor, von der Zimmerdecke hinunterzublicken, und zeichnen Schritt für schritt einen groben Plan. Wichtig: Benutzen Sie Farbstifte! Ist der Teppich vor dem Bett rosa, so malen Sie ihn ebenfalls rosa in die Karte ein. Das erleichtert das Zurechtfinden auf der Karte.

Die Gummibärchensuche: Während das Kind die Augen schließt, wird ein Gummibär im Raum versteckt. Dann zeigt man dem Kind das Versteck auf der Landkarte. Wetten, es findet das Gummibärchen?

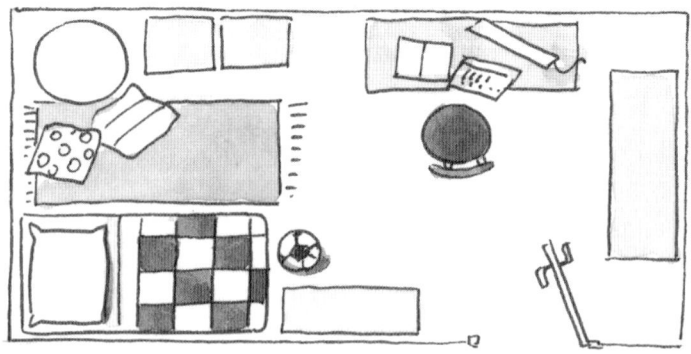

Weltkarte

Hängen Sie im Zimmer eines Schulkindes eine Weltkarte auf! Immer wieder einmal kann man die Länder aufsuchen,
- *über die gerade im Radio gesprochen wird,*
- *in denen Verwandte der Familie wohnen,*
- *aus denen ausländische Mitschüler kommen,*
- *in denen das Kind schon gewesen ist bzw. ein Urlaub geplant ist.*

- ♥ Beim nächsten Landkarten-Spiel zeichnen Sie die Karte nur noch mit einer Farbe!
- ♥ Fertigen Sie mit dem Kind zusammen Landkarten von allen Räumen an!
- ♥ Malen Sie eine Landkarte vom Haus bis zum Supermarkt (Kindergarten, Schule, Bahnhof ...).
- ♥ Vor dem nächsten Besuch bei der Oma malen Sie eine Landkarte mit wichtigen, für das Kind deutlich erkennbaren Orientierungspunkten.
- ♥ Vor allen Reisen sollten Sie vorher mit ihren Kindern die Reiseroute auf Landkarten verschiedener Maßstäbe zurücklegen.
- ♥ »Irland spielt gegen Brasilien in Rejkjavik« – bald kein Problem mehr für das Kind, Länder und Städte auf der Karte zu finden.

Einmal um die Welt

Ein Spiel, das sehr gut geeignet ist, geographisches Grundwissen zu vermitteln. Mindestens drei Kinder stehen vor der Weltkarte. Eins gibt die Suchaufgabe vor und nennt eine beliebige Stadt (Berg, Fluss, See, Insel ...), z. B. »Chicago«. Die anderen beginnen zu suchen. Wer zuerst seinen Finger auf »Chicago« legt, darf die nächste Suchaufgabe stellen.
Schwieriger wird es, wenn z. B. ein Nachbarland von Vietnam, ein Zufluss vom Mississippi oder die Hauptstadt von Südkorea gesucht wird.

Der Sternenhimmel

Eine warme Sommernacht ist genau richtig für erste Sternbeobachtungen. Warme Decken oder Schlafsäcke dienen als Unterlage. Dann strecken sich alle bequem aus und schauen zu den Sternen. Jedes Mal lernt das Kind ein neues Sternbild oder den Namen eines neuen Sternes dazu. Natürlich kann man auch seinen privaten Stern aussuchen und ihn den anderen Familienmitgliedern zeigen. Außer den Sternen kann man bestimmt auch noch ein Flugzeug beobachten und vielleicht auch noch einen Satelliten, ein Ufo oder ein Nachtgespenst ...

Formulare

Viele Erwachsene sind unfähig, ein Formular richtig auszufüllen. Warum? Weil sie es nie gelernt haben!

Nehmen Sie auf Bank oder Postamt für das Kind ein paar Blanko-Formulare mit. Zu Hause kann man ganz in Ruhe das Ausfüllen lernen. Besonders nett ist es, wenn es sich dabei um lustige Dinge handelt, wie z. B. dem Goldhamster eine Million Euro überweisen oder für Kater Sam ein Fernsehgerät anmelden.

Essen wie die anderen

Bereiten Sie mindestens einmal im Monat ein Essen aus einem anderen Kulturkreis zu! Schon Pizza, Spaghetti und Hotdogs erfüllen diese Aufgabe, aber danach gibt es vielleicht auch mal chinesische Frühlingsrollen, Schweizer Raclette, serbische Bohnensuppe und ungarisches Gulasch.

Ich hör dir zu, ich nehme dich an!

Schenken Sie Ihrem Kind ungeteilte Aufmerksamkeit, wenn es Ihnen etwas erzählen möchte. Schauen Sie das Kind dabei an und signalisieren Sie ihm, auch durch Körpersprache und ggf. durch Nachfragen, Ihr Interesse an seinen Erlebnissen und Ideen.

Ein Ohr für Sprachen

Im Radio hört man meistens englische oder amerikanische Lieder. Ab und zu gibt es aber auch mal ein italienisches, spanisches, polnisches, griechisches usw. Machen Sie Ihr Kind darauf aufmerksam. Wer ganz genau hinhört, kann bald unterscheiden, um welche Sprache es sich da handelt – auch ohne ein Wort zu verstehen.

Klo-Konfetti

Ein Konfetti, das auf der Wasseroberfläche in der Kloschüssel schwimmt, regt kleine Jungen dazu an, sich im Zielpinkeln zu üben (und die Klobrille zu verschonen).

Gläser mit Musik

Einige gleiche, möglichst dünnwandige Gläser werden unterschiedlich hoch mit Wasser gefüllt. Dann feuchtet man seinen Zeigefinger an und fährt damit

langsam am Glasrand entlang. Plötzlich ist ein klarer Ton zu hören. Macht man dasselbe mit den anderen Gläsern, entstehen ebenfalls Töne, aber immer andere. Erklären Sie Ihrem Kind, dass durch das Reiben am Glasrand das Glas in Schwingungen versetzt wird. Die Schwingungen erzeugen den Ton. Je nachdem wie viel Wasser sich im Glas befindet, wird der höher oder tiefer. Wer das Töne-Erzeugen ein bisschen übt, kann sogar einfache Lieder auf den Gläsern spielen.

Variante: Einige gleiche Flaschen werden unterschiedlich hoch mit Wasser gefüllt. Eine Flasche kann auch ganz leer bleiben. Dann bläst man über jeden Flaschenhals und hört jeweils einen anderen Ton. Je mehr Wasser sich in der Flasche befindet, umso höher wird der Ton.

Die Experten-Schachtel

Unterstützen Sie Ihr Kind in seinen Interessen, indem Sie ihm die »Experten-Schachtel« übergeben. Interessiert sich das Kind z. B. für Eisbären, hilft man ihm dabei, alle Zeitungsartikel, Bilder, kopierten Buchseiten, Internet-Ausdrucke etc. zu sammeln und in seiner Schachtel zu sammeln. Auch Geschwister, Großeltern, Freunde und Nachbarn beteiligen sich gerne an so einer Sammlung, sobald sie davon wissen.

Klar, dass sich eine »Eisbär-Schachtel« bald in eine »Scater-Kiste« oder »U2-Box« verwandelt, aber egal welcher Inhalt, gebraucht wird die Schachtel noch eine ziemlich lange Zeit.

Tipp: Musikinstrumente

Hören Sie mit dem Kind öfter mal, z. B. auch während des gemeinsamen Abendessens, ein klassisches Musikstück an, und machen Sie es auf bestimmte Instrumente aufmerksam! Zeigen Sie dem Kind danach Bilder von diesen Instrumenten (z. B. im Internet) und hören Sie die dazu passenden Klänge an!

2.
Ich sehe was,
das du nicht siehst ...

*I*n diesem Kapitel gibt es zahlreiche Ideen zum Entdecken von Farben, Formen, Mustern und Stoffen, ungewöhnliche Anregungen zum gemeinsamen Malen und Basteln ohne Leistungsdruck, zum kreativen, fantasievollen Gestalten und zum gemeinsamen Träumen.

Spaziergang für Formenentdecker

Wenn ein Kind die ersten Formen Kreis, Quadrat, Dreieck und Rechteck unterscheiden kann, wird es höchste Zeit für einen Extraspaziergang, um diese Formen auch draußen zu entdecken. Da gibt es also Verkehrsschilder, Fähnchen und Wimpel, Räder, Häuser und Hausdächer, Fenster, Türen, Briefkästen, Plakate und vieles mehr.

Ältere Kinder brauchen nur mal um ein Auto oder einen Laster herumzugehen und entdecken noch viele Formen mehr: ein Trapez, eine Raute, ein Parallelogramm.

Stoffpartner gesucht

Viele verschiedene Stoffreste (Samt, Seide, Wollstoff, Schaumgummi, Leder ...) werden in zwei Beutel verteilt, so dass sich in jedem genau die gleichen Reste befinden.

Das Kind schließt die Augen und fasst mit jeder Hand in einen Beutel. Dort tastet es sorgfältig die Stoffe ab, bis es glaubt, in beiden Händen den gleichen Stoff zu fühlen. Das Kind zieht die beiden Stoffquadrate gleichzeitig aus den Beuteln und versichert sich, ob es richtig getastet hat. Stimmt das Ergebnis, dürfen die beiden Stoffpartner aus dem Spiel genommen werden. So wird weitergespielt, bis alle Stoffreste mit ihren Partnern abgelegt sind.

Der rote Sonntag

Den »schwarzen Freitag« und den »blauen Montag« gibt es schon – wie wäre es deshalb mit einem gelben Donnerstag oder dem roten Sonntag? An diesem Tag steht einfach alles unter dem Zeichen dieser Farbe.

Wir kleiden uns rot, dekorieren den Frühstückstisch rot, hängen rote Luftballons auf und essen und trinken vorwiegend roten Tee oder Saft.

So ein Farbensonntag macht natürlich noch mehr Spaß, wenn mehrere Kinder eingeladen werden. Natürlich gibt's zur Feier dieses Tages auch ein paar passende Spiele (s. u.).

Rot gewinnt

Alle Kinder sitzen um den Tisch herum. Jedes hat ein leeres Kompottschälchen vor sich. In der Tischmitte liegen ein kleiner Berg Gummibärchen (rote natürlich!) und andere kleine Süßigkeiten oder Früchte.

Mit einem Farbwürfel wird abwechselnd je einmal gewürfelt. Wer Rot hat, steht auf, setzt eine Mütze auf, schlingt sich einen Schal um den Hals und zieht sich dicke Fausthandschuhe an. Dann nimmt der Eingemummte zwei chinesische Essstäbchen in die Hand und befördert damit möglichst viele der Kostbarkeiten in sein Schälchen.

Die anderen Kinder aber würfeln in Windeseile weiter. Sobald wieder Rot

Tipp: Mal mal wieder!

Regen Sie Ihr Kind immer wieder zum Malen an! Das beruhigt, fördert Fantasie und Kreativität und trainiert die Feinmotorik, was dem Kind beim Schreibenlernen von großem Vorteil sein wird. Es gibt sogar Untersuchungen, nach denen sich Kinder, die im Vorschulalter viel gemalt haben, beim Lesenlernen leichter tun.

Sie werden staunen, was da alles geantwortet wird! Aber abwarten! Denn der Spieß wird bald umgedreht, und das Kind stellt der Mama ganz unerwartet ähnliche Fragen!

gefallen ist, muss der erste Süßigkeitenräuber seine Vermummung hergeben, und der nächste macht sich über die Schätze her.

Ein Spiel, das umso lustiger ist, je schneller es gespielt wird.

Variante: »Alles rot« – Reihum soll jedes Kind jedem Substantiv »rot« voranstellen, also z. B.: »Gehen wir in den roten Wald?« »Wo sind meine roten Gummistiefel?«

Wer dabei ertappt wird, ein anderes Adjektiv als »rot« zu nennen, muss ein rotes Pfand zahlen und mit rotem Schaudern auf die rote Pfänderverlosung am roten Abend warten!

Alle Achtung!

»Augen zu!« Während das Kind die Augen fest geschlossen hält, stellt die Mama ihm Fragen, z. B.:

- ♥ »Welche Farbe hat mein Gürtel?«
- ♥ »Welche Schuhe habe ich an?«
- ♥ »Welche Brille habe ich auf?«

Was ist denn das?

Ein Kind malt ein paar Kringel, Tupfen und Linien auf ein Blatt Papier, der Spielpartner soll diese Linien zu einer sinnvollen Form, z. B. einem Fantasie-Saurier, ergänzen.

Druckerei für Kinder

Kindergarten- und Grundschulkinder lieben es, Dinge in Farbe zu tauchen und auf Papier (Boden oder Wände) abzudrucken.

Für eine kleine Druckerei braucht man viele Bogen Zeitungspapier als Unterlage und große Bogen Packpapier, weiße Tapeten oder Zeichenpapier, die man dann mit »Stempeln« aus Kartoffeln, Karotten, Lauch, Zahnbürste, Fingerkuppen, Füßen ... bunt dekoriert.

Am besten ist Wasserfarbe, die man anrührt und in weite, niedrige Becher oder Schalen füllt.

Tipp: Das bedruckte Papier kann man prima als Geschenkpapier benutzen.

Fadenbilder

Ein in Wasserfarbe getauchter Wollfaden wird vom Kind mit einer Wäscheklammer gehalten und in Schlangenlinien über das Papier gezogen. Toll sieht es aus, wenn man das mehrmals mit verschiedenen Farben wiederholt.

Das Klebebild

Vorschulkinder sind begeisterte Collagen-Hersteller.
Gebraucht werden: Klebestift und viel Klebematerial, z. B. Popcorn, kleine Nudeln, getrocknete Erbsen und Linsen, Bohnen und Maiskörner.

Aschenbecher für Kinder

Aschenbecher sind perfekte Wassergläser für Kinder, die mit Wasserfarben malen. Sie stehen gut, und es gibt praktische Mulden, um den Pinsel abzulegen.

Am tollsten sehen die Klebebilder auf farbigem Tonpapier aus.
Ältere Kinder können mit dem Material Muster oder Bilder mit einfachen Motiven kleben, bspw. ein Haus, eine Blume, einen Schmetterling.
Wichtig: Arbeitsfläche großräumig abdecken!

Meisterwerke

Die Lust der Kinder am Malen, Basteln, Handarbeiten, Dichten usw. hängt in großem Maße von der Art und Weise ab, wie die Werke von den Eltern beachtet, gelobt und geschätzt werden.

Fingerfarben-Gemälde

Auf einem Kuchenblech kann man toll mit Fingerfarben malen. Die Oberfläche ist glatt, der Rahmen des Gemäldes steht fest, und wer was Neues beginnen will, hält das Blech einfach unter den Wasserhahn.

Ich weiß nicht, was ich malen soll!

Also wie wäre es denn mit ...

- ♥ einer besonders tollen neuen Briefmarke? (Verschiedene Briefmarkengrößen auf dem Zeichenblatt vorgeben!)
- ♥ einem Familienwappen, das zeigt, wer alles zusammengehört und was wir am liebsten tun?

Wenn die Gemäldesammlung aus allen Nähten platzt ...

- *... dann hängen Sie die Bilder mit Büroklammern an eine an der Wand gespannte Schnur,*
- *»kleben« kleine Bildchen mit Magneten an die Kühlschranktür,*
- *benutzen sehr große Bilder als Geschenkpapier,*
- *versehen einige besonders schöne Bilder mit der Unterschrift des Malers und dem Datum und schicken sie dann an Omas, Tanten, Bekannte, Freunde,*
- *sammeln die Bilder jedes Kindes in einem Extra-Fotoalbum oder einem Ordner,*
- *benutzen die Bilder als Briefpapier für besonders liebe Menschen (der Text wird auf die weiße Rückseite geschrieben).*

♥ deinem Leib- und Magen-Lieblingsessen, gemalt auf einem weißen Pappteller?

♥ einer Blume, wie sie nur auf dem Mond wächst?

♥ einer Maschine, die das Leben der Menschen auf der Erde gewaltig verändern wird?

♥ einem neuen 100-Euro-Schein, der richtig lustig aussieht?

♥ einem Fantasietier mit Ohren wie ein Elefant, Flügeln wie ein Adler, Zähnen wie ein Krokodil ...

Ein-Finger-Bilder

In den Deckel eines Schuhkartons wird so viel Salz geschüttet, dass der Boden gut bedeckt ist. Das Kind malt mit dem Finger beliebige Muster oder kleine Bildchen hinein. Besonders interessant sehen die Muster aus, wenn der Deckel eine dunkle Farbe hat und der Kontrast zum Salz sehr deutlich ist. Ggf. kann man das Deckelinnere mit dunklem Papier bekleben oder mit einer dunklen Farbe anmalen.

Nach jedem Schreib- oder Malvorgang wird die Malschachtel hin und her bewegt, so dass sich das Salz wieder gleichmäßig verteilt.

Variante: Natürlich kann auch mit den Zehen, den Füßen oder dem Ellenbogen gemalt werden. Dazu muss die Malfläche aber größer sein. Am besten eignet sich ein Sandkasten, in dem der Sand mit einem Rechen glatt gestrichen ist. Oder die Kinder »malen« mit einem dünnen Wasserstrahl Muster und Bilder in den Sand.

Wassermaler

Geben Sie Ihrem Kind bei warmem Wetter einen Eimer mit Wasser und einen dicken Malerpinsel. Das Kind darf den Terrassenboden oder die Garageneinfahrt mit Linien, Kringeln, Mustern und eventuell auch schon Zahlen und Buchstaben beschriften. Das trainiert die Motorik, schult das Gefühl für Größen und Formen, und lustig ist es auch.

Erfindungen

Ein Erwachsener ist der Zeichner, hat ein Blatt Papier vor sich auf dem Tisch und hält einen Stift in der Hand. Das Kind ist der Erfinder und beschließt vielleicht, ein neues Tier zu erfinden. Dazu beschreibt es die Kennzeichen dem Erwachsenen, der das Ganze gleich zu Papier bringt. So soll das Tier einen Pferdekörper haben, einen Giraffenhals, einen Schweinskopf, sieben Elefantenfüße usw. Ist das Tier fertig, darf es vom Erfinder noch bunt ausgemalt werden. Genauso kann man auch sein Traumauto, ein bislang noch unbekanntes Flugobjekt, ein Monster oder ein Traumschloss erfinden.

Spaß mit Pappkartons

Kartons – egal, welcher Größe – regen Kinder zum Basteln und Spielen an. Stellen Sie mehrere Kartons verschiedener Größe ins Kinderzimmer und wundern Sie sich nicht, wenn daraus ein Indianerzeltlager, ein Piratenschiff, ein Gespensterschloss, ein Bus oder eine Eisenbahn mit vielen Waggons wird.

Zweckentfremdet

Ein ganz normaler Küchentopf kann für einige Zeit Kopfzerbrechen auslösen, denn wir überlegen uns, was man damit so alles machen könnte. Klar, kochen kann man natürlich auch darin, aber wir suchen doch nach anderen Zwecken, die so ein Topf erfüllen kann! Man kann den

Es muss nicht so wie immer sein ...

Auch die Art zu zeichnen kann man ja hin und wieder einmal verändern. So macht das Ganze dann gleich (wieder) viel mehr Spaß:

- ♥ *Das Kind malt mit geschlossenen Augen oder mit dem Stift im Mund oder mit dem Stift zwischen den Zehen*
- ♥ *Es malt »auf dem Kopf«.*
- ♥ *Wir tauchen Murmeln in Wasserfarbe und lassen sie über das Papier rollen*
- ♥ *Wir malen mit einem selbstgebastelten Pinsel aus Fell oder Grashalmen oder mit Opas ausrangiertem Rasierpinsel, mit Wattestäbchen oder kleinen Schwammstücken.*

Topf z. B. umdrehen und als Treppenstufe benutzen, um an ein oberes Regelfach heranzukommen. Man könnte den Topf auch als Buschtrommel benutzen oder als Helm, als Kaffeetasse für einen Riesen oder – wenn man den Topf im

Die Kleiderkiste

Sammeln Sie abgelegte Kleidung in einer Kiste, und erlauben Sie Ihrem Kind ab und zu, die Sachen auszuräumen und sich nach Herzenslust zu kostümieren. Besonders Accessoires wie Hüte, Tücher, Gürtel und Sonnenbrillen gehören unbedingt dazu! Ein Spiegel in der Nähe ist wichtig zur Überprüfung des neuen Outfits. Ach ja, ein bisschen Schminke wäre natürlich auch gern gesehen ...

Und wenn die Sachen in der Kleiderkiste nicht ausreichen, könnte man noch die Faschingskiste öffnen und sein Aussehen mit der entsprechenden Perücke und den Faschingsjuwelen bereichern.

Boden versenkt und mit Wasser füllt – als Swimmingpool für Zwerge usw. Wenn uns nichts mehr einfällt, machen wir uns über den nächsten Küchengegenstand her und überlegen, was man bspw. mit einem Teesieb (einem Zahnstocher, einem Schraubglasdeckel, einer schrumpeligen Karotte ...) noch so alles machen könnte.

Das 20-Dinge-Spiel

Das Kind bekommt zwanzig gleiche, kleine Gegenstände, z. B. Büroklammern, Pfeifenreiniger, Zahnstocher, Trinkhalme ... und darf damit ganz nach Lust und Laune ein Bild legen oder eine Skulptur basteln. Keine Sorge, wenn sich das Kind nicht gleich ans Gestalten macht. Manchmal braucht es eine Zeit, in der es mit den Dingen scheinbar planlos spielt, bis es plötzlich ganz von selbst beginnt, etwas zu kreieren.

Der letzte Schrei

Jedes Familienmitglied hat ab sofort 15 Minuten Zeit, sich so verrückt wie möglich anzuziehen und dann im Wohnzimmer zu erscheinen.

Wenn der Kleiderschrank nicht ausreichend Fundus für eine Verkleidung bietet, kann man zusätzlich noch die Kleiderkiste (s. o.) plündern.

Variante: Jedes Familienmitglied darf einen Freund oder eine Freundin zum Abendessen einladen und sich gemein-

Dornröschens Eltern

Aktive Kinder brauchen aktive Eltern. Versäumen Sie nicht, das Theaterstück, die Ausstellung, das Konzert oder die Sportveranstaltung zu besuchen, bei denen Ihr Kind aktiv teilnimmt. Zeigen Sie Ihren Stolz, die Eltern von Dornröschen zu sein, und applaudieren Sie, was das Zeug hält!

sam mit dem Besucher verkleiden. Alle »Sonderlinge« nehmen dann am großen Familientisch Platz zu einem ziemlich ausgeflippten Abendessen.

Zukunftsfantasie

Stellen Sie von Zeit zu Zeit mal eine Frage wie z. B.:

♥ Per Laserstrahl hast du einen Brief von einem Außerirdischen erhalten. Was steht wohl darin? Was würdest du zurückschreiben? Welche Fragen würdest du stellen?

♥ Im Jahre 2287 ist der Schnee nicht mehr weiß, sondern hat eine Farbe. Welche? Wie würde die Schneelandschaft im Jahre 2287 aussehen? Male ein Bild! Was könnte man mit dem farbigen Schnee machen? Welche Vor- und Nachteile hätte farbiger Schnee?

♥ Im Jahre 4007 haben die Menschen vielleicht vier Hände! Was könnte man dann tun, was uns jetzt mit zwei Händen nicht gelingt?

3.
Das kriegen wir
schon geregelt

*Jedes Kind wird in eine Lebensgemeinschaft hineingeboren, ganz egal, aus
wie vielen Personen sie besteht. Nun lernt es, sich in dieser Gemeinschaft zurechtzufinden, Eigenheiten der Einzelnen und Regeln der Gemeinschaft zu
akzeptieren und die Familie mit zunehmendem Alter aktiv mitzugestalten. Es
lernt, seine Persönlichkeit einzubringen, seine Wünsche durchzusetzen, aber
auch die Bedürfnisse und Interessen der anderen zu respektieren und sich
einzuordnen. Das Kind übernimmt allmählich Verantwortung für sein eigenes
Tun, aber auch für das Image seiner Familie.*

Wie war das damals?

Einen ersten Begriff von vergangener Zeit bekommt das Kind durch Erzählungen von früher, am besten dokumentiert durch alte Fotos. Auf den Fotos sind Gegenstände zu entdecken, die man beim Besuch in einem Geschäft mit Kunst und Krempel »live« sehen kann: alte Uhren oder Kaffeemühlen, ein alter Herd ... Sehr eindrucksvoll ist auch der Besuch eines Freilichtmuseums, das die Lebensweise früherer Generationen veranschaulicht.

Neues aus der Stammbaumschule

Kinder hören gerne von ihren Vorfahren. An einem gemütlichen, verregneten Wochenende kann man gemeinsam den Stammbaum des Kindes aufzeichnen.

Grundlagen des Zusammenlebens

Jede Familie wird ihre eigenen Grundlagen finden, die individuell genau für diese Familie richtig sind, und auf deren Einhaltung achten. In vielen Fällen gibt es aber Regeln wie diese:

- ♥ *Wer nach Hause kommt, begrüßt die Anwesenden, bzw. wer das Haus verlässt, verabschiedet sich und sagt, wohin er geht und wann er wieder da sein wird.*
- ♥ *Wer sich etwas leihen möchte, fragt vorher den Besitzer und gibt den Gegenstand danach unaufgefordert wieder zurück.*
- ♥ *Jedes Familienmitglied übernimmt bestimmte Aufgaben im Haushalt.*
- ♥ *Wer Freunde einladen oder einen Besuch machen möchte, fragt vorher, ob das in Ordnung ist.*
- ♥ *Jedes Familienmitglied hat seinen persönlichen Bereich, der von den anderen respektiert wird.*
- ♥ *Abmachungen werden eingehalten.*
- ♥ *Wir sagen »Bitte«, »Danke« und »Entschuldigung«.*
- ♥ *Zumindest das Abendessen wird gemeinsam eingenommen.*

Das Einhalten der Regeln gibt Halt und hilft besonders kleinen Kindern, sich in der Gemeinschaft zurechtzufinden. Aber natürlich gibt es keine Regel ohne Ausnahme. Denken Sie daran, dass die Regeln Ihrer Familie helfen und ihr entsprechen sollen. Wenn die Kinder den Regeln entwachsen sind, werden sie durch neue ersetzt.

Zuerst wird der Stammbaum ganz einfach aussehen, bestehend aus den Namen des Kindes, der Eltern und der Großeltern. Später kann man den Stammbaum erweitern um die Geschwister der Eltern und deren Kinder und die Geschwister der Großeltern. Wo es geht , werden die Personen auch mit Fotos, Videos und vielen kleinen Geschichten vorgestellt. Wer den Stammbaum ganz weit zurückverfolgen kann, denkt darüber nach, was wohl in der Zeit von Ururgroßvater Samuel anders war als heute bei uns. Welche Dinge hat er gar nicht gekannt? Wer weiß, wo die Vorfahren begraben sind? Vielleicht könnte man ja diese Gräber einmal besuchen!

Urkunden, die »in komischer Schrift« ausgefertigt sind, können kopiert und von den Kindern sorgfältig aufbewahrt werden.

Das Familientheater

Gebraucht werden: Ausrangierte Fotos aller Familienmitglieder (natürlich darf Hund Bello nicht fehlen) und Fotos anderer Personen, die für das Kind von Bedeutung sind, z. B. Nachbarin, Babysitter oder Kindergärtnerin;Holzspatel (aus der Apotheke);Schere und Klebstoff.

So wird's gemacht:

Die Personen oder die Köpfe der Personen werden ausgeschnitten und jeweils auf ein Ende eines Spatels geklebt. Fertig sind die Stabpüppchen. Lassen Sie beim Spielen Ihr Kind frei mit den Puppen umgehen und für sie sprechen. Halten Sie sich als Unterstützer bereit, aber greifen Sie nicht massiv ins Geschehen ein. Besonders kleinen Kindern gelingt es, mit Hilfe der Püppchen eventuelle Probleme mit den Personen darzustellen, wozu sie sonst noch nicht in der Lage wären. Hören Sie aufmerksam zu! Fragen Sie ggf. nach, aber belassen Sie das Geschehen so, wie Ihr Kind es darstellt!

Das Familienquiz

An einem Wochenende, an dem die ganze Familie und vielleicht auch noch Opa, Oma und Tante Elisabeth versammelt sind, wird das Familienquiz gespielt. Ein Erwachsener bereitet die Fragen vor. Jede Frage wird auf ein eigenes Kärtchen geschrieben, z. B.:

- ♥ In welchem Ort wurde der Opa geboren?
- ♥ Wie hieß die Schule, die die Mama besucht hat?
- ♥ Warum heißt der Kater »Otto«?
- ♥ In welchem Monat hat Tante Elisabeth Geburtstag?
- ♥ Welches Musikinstrument spielt Opa?

Wenn die Fetzen fliegen ...

... überkommt die meisten Erwachsenen ein Schuldgefühl. Das Gefühl, kein guter Erzieher zu sein, den Kindern kein harmonisches Zuhause zu bieten – was man sich doch so sehr vorgenommen hatte.
Dabei ist Streit nur eine Form der Kommunikation. Eigentlich sollte man froh sein, in einer Familie zu leben, die ihre Konflikte austrägt. Viel schlimmer ist es nämlich, wenn die Familienmitglieder nicht mehr streiten! Streit über Meinungen, Interessen und Ideen zeugen von der Eigenständigkeit ihrer einzelnen Mitglieder – und wollte man das nicht immer erreichen? Wenn die Streitzeiten die Zeiten friedlicher Auseinandersetzung nicht übertreffen, so wird niemand aus der Bahn geworfen. Wirklich wichtig ist nur, dass das Gespräch zwischen Eltern und Kindern, zwischen Erwachsenen und Kindern untereinander nicht aufhört.

Die Fragen werden vorgelesen. Wer die richtige Antwort zuerst nennt, erhält die Karte. Wer am Ende die meisten Karten erbeutet hat, wird zum »Familienexperten« ernannt.

Die Bedeutung von Namen

In vielen Bibliotheken kann man Bücher ausleihen, die Herkunft und Bedeutung der Vornamen beschreiben – eine nette Beschäftigung für einen Familienabend, wenn man zusätzlich noch die Namen z. B. der besten Freunde nachschlägt und denen dann bei nächster Gelegenheit erzählen kann, was ihre Vornamen bedeuten.

Variante: Mit älteren Kindern kann man ein Wörterbuch studieren, in dem die Herkunft von Nachnamen erklärt wird. Dabei tauchen alte Gemarkungsnamen ebenso auf wie längst ausgestorbene Berufsbezeichnungen.

Mensch, hab ich 'ne Wut!

Jeder ist mal wütend und darf es auch sein. Bloß die Wut nicht runterschlucken! Hier ein paar Vorschläge, wie man seine Wut durch eine Portion Extra-Bewegung so richtig genussvoll rauslassen kann.

- ♥ Wer keinen *Boxsack* hat, behilft sich mit einem Kopfkissen, fest ausgestopft mit Schmutzwäsche, den man an einem Zipfel zusammendreht und möglichst mit Hilfe einer festen Schnur von der Decke baumeln lässt.
- ♥ Alte *Zeitungen* zerreißen, zerknittern, zu Papierbällen knüllen und gegen die Wand oder auf den Fußboden schmeißen. Oder den Grund des Ärgers auf einen *Wutzettel* kritzeln, den Zettel zerknüllen und an die Wand pfeffern. Tut gut!
- ♥ *Bäckertüten* aufblasen und mit einem wonnevollen Schlag platzen lassen.
- ♥ Ein gewöhnlicher *Luftballon* wird mit Hilfe eines Trichters mit Sand oder Reiskörnern gefüllt und zugeknotet. Den Ballon kann man jetzt kneten, drücken, quetschen und auf diese Weise wunderbar seinen Ärger abreagieren. Wer will, malt dem Quetschballon mit Folienstiften ein blödes Gesicht.
- ♥ Eine Runde *ums Haus laufen* – wenn es sein muss auch zwei. Dabei wie ein Elefant trampeln und je nach Lage des Hauses auch noch ein bisschen schreien.

Kommt das Kind zurück, sollte ein liebevolles Gespräch »unter vier Augen« stattfinden, in dem man genau erzählt, was passiert ist und warum man so enttäuscht war. (Und sagen Sie jetzt ja nicht: »Ach, das ist doch gar nicht so schlimm!«)

Konservendosen hämmern

Größere Kinder können (im Beisein eines Erwachsenen) auf diese ungewöhnliche Art ihre Wut loswerden: Konservendosen werden in einen eigens dafür bereitgestellten Sack gesammelt und warten nur auf den nächsten Wutanfall. Der Wüterich zieht mit dem gefüllten Sack, einem Hammer und grimmiger Miene nach draußen und schlägt die Dosen zu handlichen Blechscheiben – puh, was für ein Vergnügen!

Ich hasse den Tisch!

Niemals sollte es geduldet werden, dass das Kind aus Wut auf eine andere Person einschlägt. Erlaubt ist dafür aber, einen Gegenstand zu verdreschen, z. B. den Tisch, an dem man sich gerade wehgetan hat, mit einem Sofakissen zu

Alles geht schief!

Helfen Sie Ihrem Kind dabei, Frustration auszuhalten und zu überwinden, indem Sie ihm offenlegen, wenn Ihnen selbst etwas danebengeht. Zeigen Sie Ihren Ärger oder Ihre Enttäuschung darüber, aber auch gleich, wie Sie von diesem negativen Erlebnis lernen und den nächsten Versuch mit der neuen Erkenntnis starten. Sprechen Sie mit Ihrem Kind darüber, dass Fehler zum Leben gehören, jedem Menschen hin und wieder passieren und nur der Pech hat, der nicht aus seinen Fehlern lernt.

versohlen – und dazu noch ein bisschen schimpfen und fluchen.

Auf die Plätze, fertig, los!

Wer keine Lust oder Geduld mehr hat, seinen Kindern zuzusehen, wie sie mit schneckenartiger Anstrengung versuchen, ihr Federmäppchen in den Schulranzen zu hieven oder den Kinderzimmerboden in atemberaubender Zeitlupenart von Spielzeugsuppe zu befreien, der probiere es mit dieser Antriebsart: Einen Küchenwecker auf »drei Minuten« einstellen und rufen: »Achtung, fertig, los!« Nicht zu fassen, wie diese alltäglichen Handgriffe plötzlich blitzschnell erledigt werden und jeder versucht, seine Aufgabe zu erledigen, bevor der Küchenwecker Alarm gibt. Dieser Trick wirkt natürlich auch bei vielen anderen Tätigkeiten, die von lahmen Kinderschnecken ausgeführt werden sollen. Aber sparsam umgehen mit dieser Antreibungsart, damit sie sich nicht »abnutzt«.

Wie gut kennst du mich?

Die Mama versetzt sich in die Rolle des Kindes, das Kind in die Rolle der Mama. Die beginnt mit dem Spiel und sagt vielleicht: »Meine liebste Beschäftigung ist Skateboardfahren!« Das Kind erwidert: »Meine Hobbys sind Skifahren und mit der Uschi telefonieren!« Die Mama fährt fort: »Mein Lieblingsgericht ist Wiener

Sonntagabend-Gedanken

Am Sonntagabend werden viele sensible Kinder von Unruhe erfasst. Die neue Kindergarten- oder Schulwoche liegt vor einem – was wird sie wohl bringen?

Viel zu selten gibt es Gelegenheit, innezuhalten und über Vergangenes und Zukünftiges nachzudenken. Der Sonntagabend ist dazu ideal.

Würstchen mit Kartoffelsalat!«, das Kind erklärt: » ... und meins ist Kartoffelsuppe!« So geht das Spiel hin und her, bis alles gesagt wurde, was man so weiß, oder sich eine Diskussion entwickelt, weil man mit dem, was der andere da behauptet, nicht ganz einverstanden ist.

Was war das Schönste (Spannendste, Schlechteste, Lustigste ...) in der vergangenen Woche? Was wird die nächste Woche bringen? Jeder darf drei Dinge nennen, die er sich von der nächsten Woche erhofft.

Welche Dinge sind in (fast) jeder Woche konstant? Was davon möchten wir beibehalten, und welche Dinge könnten wir eigentlich einmal ändern?

4.
Beweg dich mal!

*D*ass Sport gesund ist und Spaß macht, weiß jeder Mensch, aber viele wissen nicht, dass er Kraft gibt; die Lernleistung fördert; Fein- und Grobmotorik, Wahrnehmung, Konzentration und geistige Ausdauer trainiert; das Durchhaltevermögen stärkt und Selbständigkeit fördert; dazu zwingt, Entscheidungen zu fällen und die Konsequenzen zu akzeptieren; die Bereitschaft fördert, Verantwortung zu übernehmen; körperliche und geistige Blockaden lösen kann; das Selbstvertrauen steigert und entspannt.

Trippeln

Jedes Familienmitglied bekommt einen Ball und soll ihn vor oder neben sich auftippen, eine Minute lang mit der rechten Hand und eine Minute mit der linken. Eine einfache Übung, bei der das Zusammenspiel zwischen Hand und Gehirn geübt wird.

Spielregeln

Wenn Sie mit Ihrem Kind einem Ballspiel (Fußball, Tennis ...) zuschauen, können Sie über das Einhalten und Verletzen von Spielregeln sprechen:

- ♥ *Warum gibt es überhaupt solche Regeln?*
- ♥ *Warum ist das Einhalten der Spielregeln notwendig?*
- ♥ *Was versteht man unter »Fairplay«?*
- ♥ *Warum ist es notwendig, die Entscheidung des Schiedsrichters anzuerkennen?*

Vielleicht haben Sie Glück, und das Kind versteht jetzt, ganz ohne elterliche Vorhaltungen, warum es im Schulhof nicht mit Schneebällen hätte werfen sollen und warum es fürs »Spicken« in der Schulaufgabe eine Sechs gibt.

Der Zappelzwerg

Das Kind verwandelt sich bei fetziger Musik in einen Zappelzwerg und zappelt mit allen Körperteilen herum. Beine zappeln, Arme zappeln, Schultern und Kopf zappeln, ja sogar Zunge und Augen zappeln. Der Zappelzwerg hüpft zappelnd durch die Wohnung und kann sich erst wieder langsam beruhigen, wenn die Musik leiser wird. Schließlich verklingt die Musik ganz, und der kleine Zwerg wird ganz langsam und ruhig ...

Blindball

Einem Spieler werden die Augen verbunden. Er bekommt einen Ball und soll ihn nun hoch in die Luft werfen und selber wieder auffangen. Jeder Spieler darf fünfmal hintereinander sein Glück versuchen. Danebengeworfene Bälle werden von den Mitspielern aufgesammelt und dem »Blinden« zurückgegeben. Ganz klar: Gewonnen hat, wer den Ball am häufigsten aufgefangen hat.

Ersatzball

Kleine Kinder fürchten sich manchmal vor harten Bällen. In diesen Fällen benutzt man einen der folgenden Ersatzbälle:

♥ ein Bohnen- oder Reissäckchen, ein kleines Kissen,
♥ einen geknüllten und mit einigen Streifen Klebeband stabilisierten Zeitungsball,
♥ einen aufgeblasenen Strandball,
♥ ein Paar verknäulte Socken,
♥ ein geknotetes Taschentuch.

Das Spielen macht genauso viel Spaß, und die Kinder lernen Werfen und Fangen auf sanfte Art.

Murmel-Boccia

Auf einem Spaziergang trägt jeder eine Murmel bei sich. Ab und zu wird eine kleine Pause gemacht. Alle stellen sich nebeneinander auf und rollen ihre Murmeln z. B. zu einem Baumstumpf, zu einem Abfalleimer oder in eine kleine, ausgetrocknete Pfütze. Wessen Murmel liegt dem Ziel am nächsten? Der Sieger darf das nächste Murmel-Ziel bestimmen.

Stupsballon

Bei diesem Spiel können schon ganz kleine Kinder mitmachen. Es eignet sich auch prima für Kinderpartys, denn die Gäste können dabei die Namen der anderen Kinder schnell lernen.
Alle bilden einen Kreis. Lukas stellt sich in die Mitte, stupst einen Luftballon an, so dass er hochfliegt, und ruft dabei z. B. »Anna«. Alle Kinder müssen gut aufpassen, und Anna muss sofort reagieren, denn sie soll den Ballon auffangen, bevor er auf dem Boden landet. Geschafft? Dann darf Anna als nächste den Ballon stupsen.

Der verrückte Luftballon

Eine Handvoll getrockneter Bohnen, etwas Wasser oder eine Münze in den Ballon füllen und schon benimmt sich dieser aufgeblasene Bursche ganz anders als sonst und springt und fliegt total verrückt durchs Zimmer.

Jonglieren mit Luftballons

Jonglieren trainiert die Motorik und die Konzentration. Kleinen Kindern, denen das Jonglieren mit Bällen zu schwierig ist, bietet man darum an, das gleiche mit Luftballons zu machen. Dabei geht es nur darum, die Ballons ständig in der Luft zu halten. Das macht schon für sich allein Spaß. Wer aber gern ein Wettspiel daraus machen möchte – kein Problem: Die Jongleure stellen sich in einigem Abstand voneinander auf und jonglieren erst mit zwei, später mit drei, vier ... Ballons. Wer die Dinger am längsten in der Luft halten kann, gewinnt.

Das Löwenspiel

Ab und zu verwandelt sich ein Kind in einen Löwen und zwar so: die Stirne runzeln, die Zähne fletschen oder zusammenbeißen, dabei finster schauen und gefährlich knurren; danach die Muskeln

Einfach nur Spaß

Gehen Sie mit Ihrem Kind jeden Tag spazieren, und wenn es nur fünf Minuten sind. Auch bei Regen macht so ein Spaziergang Spaß. Springen Sie gemeinsam in die Pfützen, dass das Wasser nur so spritzt, oder rennen Sie mit Anlauf hindurch!

Extratipp: Färben Sie das Wasser einer Regenpfütze mit Lebensmittelfarbe ein und beobachten Sie gemeinsam, versteckt hinter dem Vorhang, wie die Passanten erstaunt stehen bleiben und sich überlegen, woher das rote (grüne ...) Wasser kommt.

Gemeinsame Streiche und Geheimnisse schweißen zusammen!

Das Elternvorbild

Auch in Sachen körperlicher Fitness sind die Eltern Vorbilder ihrer Kinder. Darum zumindest ab und zu mal das Auto stehenlassen und mit dem Fahrrad zum Supermarkt fahren, Treppen hinaufrennen anstatt mit dem Aufzug fahren und abends mit den Kindern und Hund Blacky um den Block joggen.

entspannen und ein breites, glückliches Lächeln zeigen – so entspannt das Kind seine Gesichts- und Schultermuskeln. Das tut gut und macht fröhlich!

Spring dich schlau!

Lernen kann man nicht nur, während man brav an seinem Schreibtisch sitzt! Viel lustiger ist es, wenn man das Einüben bestimmter Einmaleins-, Buchstaben- oder Wörterreihen mit Bewegung koppelt:

- ♥ Das Kind hüpft mit seinem Springseil, während es die Reihen aufsagt;
- ♥ Hampelmann hüpfen, Arme wie Propeller kreisen lassen und bei jedem neuen Schwung eine Zahl sagen;
- ♥ einen kleinen Spaziergang im Garten machen und dabei immer wieder den neuen Merktext (das Gedicht, die Vokabelreihen ...) laut lesen.

Der Herzton-Lautsprecher

Die Herztöne eines anderen kann man sehr gut hören, wenn man den Boden eines Pappbechers entfernt und das Becherchen mit der breiten Öffnung auf den Brustkorb des Kindes stülpt. Das Ohr fest gegen die andere Öffnung pressen und die Hände wegnehmen. Jetzt ist der Herzschlag deutlich zu hören. Die Schwingungen des Herzschlages werden direkt an das Ohr geleitet, und der Pappbecher verstärkt dabei die Geräusche. Besonders interessant ist es, wenn die Herzgeräusche des anderen vor und nach dem Sport abgehört werden.

Au ja!

Dieses kleine Spiel ist gut geeignet, um einen langweiligen Spaziergang aufzupeppen.

Einer schreit z. B.: »Wir laufen zum Wegweiser!«, und alle anderen schreien: «Au ja!« und rennen wie die Wilden zum Zielort. Dort ruft der erste Ankömmling das nächste Ziel aus: »Wir hüpfen zur Bank!« »Au ja!« schallt es aus allen Kehlen, und schon hüpft die ganze Meute in Richtung Bank. So wird weitergelaufen, -gehüpft und -gekrabbelt, bis schließlich einer ruft: »Wir machen eine kleine Pause und legen uns ins Gras!« – »Au ja!«

Handschuh-Domino

Alle Spieler gehen dick eingemummelt, aber ohne Handschuhe hinaus in den Schnee. Dann darf jeder aus einem Korb voll »Handschuhsalat« mit geschlossenen Augen zwei Handschuhe herausnehmen und anziehen.

Sind alle Spieler mit zwei verschiedenen Handschuhen ausgerüstet, müssen sich immer zwei gleich behandschuhte Hände ergreifen. Da geht es dann schnell drunter und drüber, und es macht großen Spaß, bis endlich alle Spieler miteinander verknüpft sind und danach jeder wieder »zu sich« findet.

Die Boston Tea Party

Entspannung nach einem aufregenden Tag ist für ein Kind jeden Alters ganz wichtig, um ein bisschen die Eindrücke zu verdauen und gut einschlafen zu können. Besonders wirksam und entspannend ist ein abendliches Bad mit angenehmem Badezusatz. Das Kind darf sich, je nach dem momentanen Geschmack, einen Teebeutel aussuchen und ihn im Badewasser als Aromazusatz versenken. Kamille, Pfefferminz oder beliebige Fruchttees sind sehr beliebt.

5.
Spielen wir was?

Kinder lernen spielend: Dabei üben sie immer wieder jene Tätigkeiten und Verhaltensweisen, die ihre intellektuelle, emotionale, praktische und soziale Entwicklung fördern. Das Kind braucht eine Bezugsperson, die sich nicht immer, aber ab und zu Zeit nimmt, Geduld hat, für die Sicherheit des Spiels sorgt, ggf. zusätzliche Informationen und Tipps gibt, aufmunternd dem Kind bei Schwierigkeiten zur Seite steht, ohne diese für das Kind auszuräumen, das Kind in seinem Tun ernst nimmt, das Spiel nicht durch Wertung und Leistungsdruck verdirbt und den Spaß am Spiel teilt.

Spielsachen für zwei

Wenn das Kind Besuch bekommt und sich weigert, seine Spielsachen mit dem anderen zu teilen, wirkt folgender Trick: Das Kind darf die Spielzeuge auswählen, die es auf keinen Fall »fremd bespielen« lassen möchte. Diese Gegenstände werden »in Sicherheit« gebracht. Nun ist meistens das gemeinsame Spiel mit allen anderen Spielsachen möglich.

Tipp: Nie vergessen, ein Kind, das sein Spielzeug mit einem Freund oder mit Geschwistern geteilt hat, entsprechend zu loben. Das wirkt auf die nächsten Male wesentlich positiver als jede Diskussion und jeder »Trick«.

Ideale Spielsachen

Die tollsten Spielsachen sind diejenigen, die man verwandeln und immer wieder in jedem Alter zum Spielen verwenden kann. Witzigerweise gibt es diese »idealen Spielsachen« nicht im Spielzeuggeschäft. Es sind Dinge wie Wäscheklammern, Tücher, Eimer, Kissen, Sand, Wasser, Steine …

Einkaufen spielen

Auch wenn das Kind keinen Kaufladen besitzt, »Einkaufen« kann man immer spielen. Geben Sie Ihrem Kind echtes Geld für die Ladenkasse, bezahlen Sie ebenfalls mit echtem Geld und zwar möglichst so, dass das Kind Wechselgeld heraus geben muss. Auf diese Weise lernt es nicht nur, wie die Münzen und Geldscheine aussehen, welche Münze, welcher Geldschein wertvoller ist als andere, es zählt auch immer wieder nach und rechnet auf spielerische Weise.

Die Lupe

Eine Lupe ist ein tolles Spielzeug für Kinder, die sich alleine beschäftigen sollen oder müssen, z. B. wenn sie krank sind. Mit so einer Lupe kann man die Pfötchen der Katze einmal ganz genau anschauen, man kann winzige Zahlen oder Buchstaben auf ein Blatt schreiben und

Teilen

Nicht jedes Spielzeug muss mit den Geschwistern geteilt werden. Wer absolut dagegen ist, dass ein anderer das Spielzeug benutzt, spielt am besten in seinem Zimmer damit.

mit der Lupe vergrößern. Wer seine Lupe mit nach draußen nimmt, kann sich die Blätter, Blüten, Rindenstückchen, Käfer mal von ganz nah betrachten.

Handspiegel

Ein kleiner unzerbrechlicher Spiegel ist ein vortreffliches Spielzeug. Schon Babys staunen über ihr Gesicht oder zumindest über das Glitzern des Spiegels. Größere Kinder können sich eingehend betrachten, nachzählen, ob noch alle

Zähne da sind, die dicken blauen Adern unter der Zunge bewundern usw.

Die Spielzeugkiste

Eine Werkzeugkiste, wie man sie im Baumarkt kaufen kann, eignet sich toll als Spielzeugkiste, besonders, wenn sie viele kleine Einzelfächer hat, in die das Kind Holzperlen, Sticker, Puppenschuhe usw. unterbringen kann.

Überfordert

Nichts ist so nachteilig für die Entwicklung von Fantasie und Kreativität eines

Kindes wie ein Zimmer vollgestopft mit Spielsachen. Besonders Jüngere sind hoffnungslos überfordert und führen höchstens das »Spielsachen-auf-den-Boden-plumps-Spiel« auf.
Den Kleinen ist geholfen, wenn man das Spielzeug in Rubriken wie Mal- und Bastelsachen, Bausteine, Playmobil in einzelne Kisten packt und jeden Tag eine Kiste aussuchen lässt.

Kinderzimmer-Tafel

Kaufen Sie Ihrem Kind eine Tafel, auf der es mit Kreide seine ersten »Krickelkrackel« malt, später dann Buchstaben, Wörter und Zahlen schreiben kann. Ältere Kinder können vor einem Test dem staunenden Familienpublikum die Inhalte der Lernziele beibringen, die morgen vermutlich abgefragt werden. »So sehen die Mundwerkzeuge der Stechmücke aus ...«

Rollenspiele

Kinder brauchen Rollenspiele wie »Papa-Mama-Kind«, »Krankenhaus«, »Auf dem Spielplatz« ... um ihre großen und kleinen Erlebnisse, ihre alltäglichen Erfahrungen verarbeiten zu können. Das Wiederholen der Eindrücke hilft dem Kind, Spannungen abzubauen, Erschreckendem den Schrecken zu nehmen und innere Ausgeglichenheit zu erreichen. Seelische Ausgeglichenheit ist für Kinder elementar, um gedeihen und lernen zu können. Spielen Sie mit! Lassen Sie das Kind den aktiven Part übernehmen, und hören Sie gut zu, dann werden Ihnen die geheimsten Dinge kund. Jetzt aber nicht unsensibel gleich zur Sache kommen (»Also, so hat das der Papa doch gar nicht gemeint!«), sondern einfach nur nachdenken und lernen, wie sensibel Ihr Kind doch seine Umwelt wahrnimmt.

Spielvergnügen der besonderen Art

- ♥ Dünne Erste-Hilfe-Handschuhe sind beinahe in jedem Haushalt zu finden. Solch ein Handschuh wird jetzt wie ein gewöhnlicher Luftballon aufgeblasen und verknotet. Klar, dass das Spielen mit so einem extravaganten Ballon besonders Spaß macht.
- ♥ Der Hals eines gewöhnlichen Luftballons wird gedehnt, so dass man schließlich einen Tischtennisball hineinzwängen kann. Dann wird der Luftballon wie gewöhnlich aufgeblasen und verknotet.
- ♥ Alte Schaumgummibälle halbieren und mit den Hälften weiterspielen!

Im Wandel der Zeit

Jedes Kind interessiert sich dafür, womit die Menschen in früheren Zeiten gespielt haben. Besonders lebensnah ist eine Erzählung der Großeltern, vielleicht sogar Urgroßeltern, wenn sie dem Kind die Spielsachen ihrer Zeit beschreiben. Urgroßvater erinnert sich z. B. an hölzerne Reifen, die mit einem Stock angetrieben wurden, und eine Kartoffelpistole, die er sogar heute noch problemlos herstellen könnte, falls das Kind so ein Ding haben möchte. Die Oma erzählt vom Hula-Hoop-Reifen und ihrer Sammlung von »Wackelbildchen«, und der Papa erinnert sich an die Meisterschaft im Jo-Jo-Spielen.

Ein Geschichtsunterricht der besonderen Art!

6.
Bitte nicht stören!

Die Welt drumherum wird nicht mehr wahrgenommen, tief versunken, konzentriert bis in die Zungenspitze wird ein Bild gezeichnet, ein Puzzle zusammengesetzt, oder eine Heftseite mit den »schönsten B's der Welt« vollgeschrieben: ein Kind, das hochkonzentriert seine Aufgabe erledigt, zügig und ausdauernd arbeitet. Leider nur zu oft kein Normalfall. Da helfen die folgenden Spielvorschläge.

Das Spielkarten-Puzzle

In fast jedem Haushalt gibt es irgendwo ein unvollständiges oder altes Karten- spiel, das niemand mehr braucht. Diese Karten werden in zwei Hälften zer- schnitten, gut gemischt und dem Kind zum Puzzeln übergeben. Kleine Kinder bekommen erstmal nur vier zerschnitte- ne Karten, Profis spielen mit allen.

Flüstern

Genaues Zuhören ist eine wichtige Grundlage für jedes Lernen. Dieses klei- ne Spiel lässt sich überall durchführen, sogar im Supermarkt an der Kasse, und es bewirkt wirklich viel.

Mama flüstert dem Kind einen Satz mit etwa vier Wörtern ins Ohr, vielleicht: »Morgen kommt der Nikolaus!« und bit- tet das Kind, den Satz gleich zu wieder- holen.

Größere Kinder sollen den Satz Wort für Wort rückwärts wiederholen, also: »Ni- kolaus, der kommt morgen.« Im Laufe der Zeit werden die Sätze natürlich im- mer länger, aber sie sollten acht Wörter nicht übersteigen.

Wie war das gleich?

Solche Fragen helfen, Gedächtnis und Konzentration des Kindes zu schulen:

- ♥ Wer weiß noch, was er gestern zu Mittag gegessen hat?
- ♥ Wer weiß noch, was er vom Nikolaus bekommen hat?

Was lenkt Kinder ab?

Was stört ihre Konzentration am häufigsten und was verhindert, dass das Gelernte dauer- haft im Gedächtnis bleibt?

- ♥ Schlechte äußere Bedingungen: *Unterbre- chungen durch Erwachsene »Hast du den Mülleimer schon ausgeleert?«, durch die Geschwister: »Hast du dir meine CD ge- klaut?«, durch Freunde: »Kommst du jetzt endlich raus?« und äußere Einflüsse wie das klingelnde Telefon, die tobenden Nachbar- kinder, der Bleistift, der immer wieder ab- bricht ...*
- ♥ Angst vor Misserfolg: *Angst vor kritischen Blicken und Bemerkungen der Eltern und großen Geschwister. Seelische Belastungen: Streitereien oder Spannungen in der Fami- lie, Geldsorgen ...*
- ♥ Hetze, Termindruck: *z. B. weil die Mama drängt: »Beeil dich! Wir müssen in zwanzig Minuten beim Yoga sein!«*
- ♥ Mangelndes Anstrengungsbereitschaft *z. B. wegen mangelndem Interesse am Lernge- genstand; Reizüberflutung z. B. durch stunden- langes Fernsehen oder Computerspielen.*
- ♥ Schlechte körperliche Verfassung; Unge- duld: *Mit der eigenen Ungeduld fertig zu werden, ist Beeinträchtigung genug! Wer zudem die Ungeduld von Eltern und Erzie- her ertragen muss, kann sich bestimmt nicht konzentrieren!*
- ♥ Überforderung oder Unterforderung *z. B. durch die Wahl der falschen Schulform.*

- Wer weiß noch, welche Augenfarbe die Kindergärtnerin hat?
- Wie hieß doch gleich der blonde Junge aus dem Nachbarhaus?

Spielkarten-Memory

Karten werden zuerst gut gemischt und dann mit der Bildseite nach unten auf dem Tisch ausgelegt,. Der erste Spieler sucht sich zwei beliebige Karten aus und dreht sie um. Haben die beiden Karten eine Gemeinsamkeit – z. B. zwei Herz-Karten oder zwei Könige –, darf der Spieler das Kartenpaar an sich nehmen und so lange weiterspielen, bis die zwei Karten nicht zusammenpassen, z. B. Herz-Ass und Karo-Zehn. Diese Karten werden wieder umgedreht, und der Nächste ist an der Reihe. So geht es weiter, bis alle möglichen Paare ihren

Tipp: Ausdauertraining

Trainieren Sie die Ausdauer des Kindes, indem Sie mit ihm zusammen an einem Projekt »arbeiten«, das etwa 15 Minuten (mit älteren Grundschulkindern auch bis zu einer halben Stunde) dauert. Bauen Sie z. B. ein Puzzle zusammen, stellen Sie gemeinsam Kuchenteig her, streichen Sie die Hundehütte, oder sortieren Sie die Spielzeugautos nach Farben. Ganz gleich, womit das Kind beschäftigt ist – es sollte über einen längeren Zeitraum ungestört »bei der Sache« bleiben. Und nie vergessen: loben!

Besitzer gefunden haben. Wer die meisten Pärchen hat ist Sieger.

Gehirn-Jogging

Mama öffnet die Kühlschranktür und gestattet allen Kindern eine Minute lang, den Inhalt zu betrachten. Dann wird die Tür wieder geschlossen, und jedes schreibt schnell auf, was es sich gemerkt hat. Wer sich an die meisten Dinge erinnert, gewinnt.

In der nächsten Runde dürfen alle Kinder in den Badschrank schauen oder in die Spielkiste, in die Werkzeugkiste oder in die Schreibtischschublade.

Das Handtaschen-Memory

Das Kind untersucht zuerst gründlich den Inhalt von Mamas (Omas …) Handtasche. Das ist allein schon eine tolle Beschäftigung! Dann dreht es sich um, und Mama nimmt heimlich einen Gegenstand aus der Tasche. Jetzt soll das Kind herausbekommen, was fehlt. Das Spiel funktioniert natürlich auch mit dicken Geldbeuteln, Brief- und Schultaschen!

Erkennst du die Melodie?

Ein Spieler summt (klatscht, pfeift, trommelt, quietscht mit einer Gummiente, klimpert mit zwei Löffeln …) eine Melodie. Das Kind hört genau zu und soll erkennen, um welches Lied es sich handelt. Dabei wird das Gedächtnis trainiert und das Gefühl für Rhythmus.

Singen hilft, wenn Kinder müde sind, über-dreht oder traurig, aber auch bei vielen an-deren Gelegenheiten. Kinder, die stottern, tun das nicht mehr, wenn sie singen! Gemeinsames Singen im Auto oder beim Aufräumen festigt die Familienbande und sorgt für gute Laune.

Die Liederkette

Ein Familienmitglied beginnt, ein be-kanntes Lied zu singen, hält an einer be-liebigen Stelle inne und blinzelt einem Mitspieler zu, der sofort das Lied weiter-singt. Nach ein paar Takten blinzelt der Sänger das Lied an einen anderen Spie-ler weiter usw.

Ist das Lied zu Ende gesungen, beginnt der Sänger, der gerade an der Reihe war, ein neues Lied.

Memory im Restaurant

Etwa sechs Besteckteile werden neben-einander auf den Tisch gelegt.

Das Kind darf sich die Anordnung etwa eine Minute lang einprägen. Dann dreht es sich um, während die Erwachsenen die Lage eines Teils verändern. Das Kind sieht sich die neue Anordnung an und soll möglichst schnell herausfinden, was verändert wurde.

Der verlorene Vierling

Der Spielleiter nimmt heimlich eine Kar-te aus einem gewöhnlichen Kartenspiel und legt sie verdeckt zur Seite. Die rest-lichen Karten werden gut gemischt und auf dem Tisch ausgebreitet. Die Kinder betrachten die Karten genau, verglei-chen, zählen und suchen, welche Karte fehlt. Wer das zuerst herausbekommt, gewinnt.

Das Taschenlampen-Spiel

Alle Spieler sitzen nebeneinander in der Dunkelheit. Ein Spieler hält die Taschenlampe und malt oder schreibt mit dem Lichtstrahl Bilder, Formen, Buchstaben oder Zahlen in die schwarze Nacht. Natürlich darf jeder mal die Taschenlampe haben und sich als Lichtmaler betätigen.

Trinkhalm-Mikado

Mit einem Bündel bunter Trinkhalme kann man prima Mikado spielen. Vor dem Spiel wird ausgemacht, welche Farbe wie viele Punkte einbringt, also bspw. die blauen »Stroh«halme jeweils einen Punkt, die grünen zwei usw.

Das Apfel-Puzzle

Ein Apfel wird von einem Erwachsenen in sechs bis acht Stücke geschnitten und einem Kind zum Puzzeln übergeben. Gar nicht so einfach, das Ding wieder in seine ursprüngliche Form zu bringen!

Bilder raten

Eine Ansichtskarte oder Glückwunschkarte wird in zwölf gleich große Teile zerschnitten. Die Teile steckt man in einen Beutel, und dann geht's auch schon los: Ein Spieler nach dem anderen zieht ein Teil aus dem Beutel und legt es mit der Bildseite nach oben auf den Tisch. Wer errät zuerst, was auf der Karte zu sehen ist? Sonnenuntergang am Meer? Eine Ente mit einem Blumenstrauß? *Variante:* Große Kinder probieren aus, ob sie die Karte anhand des Textes wieder zusammenlegen können.

Das blinde Puzzle

Eine Weihnachtskarte wird in etwa sechs Teile zerschnitten. Die Teile liegen mit der Bildseite nach oben kreuz und quer auf dem Tisch. Das Zimmer wird verdunkelt, und das Kind versucht nun, mit verbundenen Augen die Puzzleteile zusammenzusetzen. Wenn es glaubt, damit fertig zu sein, gibt es ein Zeichen. Die Augenbinde wird abgenommen, das Licht eingeschaltet – manchmal sehen die Ergebnisse wirklich sehr lustig aus!

Ene, mene, Hinkelstein ...

Lassen Sie Ihr Kind immer mal wieder einen Abzählreim, einen Spruch oder ein kurzes Gedicht lernen. Auswendiglernen trainiert das Gedächtnis, und das gilt nicht nur für Kinder!

Das Einkaufs-Memory

Gedächtnistraining ist für Kinder genauso wichtig wie für Erwachsene. Also nützen wir jede Gelegenheit aus und spielen z. B. »Einkaufs-Memory«. Auf der Heimfahrt vom Einkaufen nennt jeder abwechselnd einen Gegenstand, den wir gekauft haben. Wer nichts mehr weiß oder einen bereits genannten Begriff wiederholt, gratuliert dem anderen zum Sieg.

Tipp: Das Vorbild

Versuchen Sie, möglichst in allen Bereichen Ihrem Kind ein gutes Vorbild zu sein. Auch in Sachen Konzentration und Ausdauer ist das so. Zeigen Sie Ihrem Kind, wie Sie ein bestimmtes Projekt, z. B. Karten schreiben oder einen Türkranz basteln, angehen, wie Sie sich das Material bereitlegen und dann konzentriert und ausdauernd arbeiten, bis das Projekt inklusive Aufräumen der Materialien erledigt ist.

Lügengeschichten

Mama, Papa, Oma, Opa oder sonst ein lieber Mensch erzählt eine kurze Geschichte, die aber eine faustdicke Lüge enthält. Die Zuhörer lauschen ganz gespannt und versuchen herauszubekommen, was in der Geschichte wohl nicht stimmen kann.

Ein Klotz ist im Eimer

Zuerst wird in die Mitte des Spielzimmers ein leerer Wäschekorb gestellt. Ein Kind steht etwa fünf Schritte links vom Korb, ein zweites rechts davon. Beiden werden die Augen verbunden, jedes hält einen kleinen Holzbauklotz (Legostein), in der Hand.

Nach dem Startzeichen gehen die beiden »Blinden« vorsichtig in Richtung Wäschekorb und lassen dort ihre Klötze hineinfallen. Wer seinen Bauklotz zuerst »eingeparkt« hat, darf ein weiteres Kind zur nächsten Spielrunde herausfordern. War jeder einmal an der Reihe, wird der Wäschekorb durch ein Sandeimerchen ersetzt. Im dritten Durchgang soll der Bauklotz sogar in einen Plastikbecher versenkt werden.

Achtung: Auf dem Boden herumkrabbeln und nach dem »Parkhaus« suchen ist selbstverständlich nicht erlaubt!

Platzwechsel

Zwölf schöne Steine werden für dieses Gedächtnisspiel ausgesucht und in vier Reihen zu je drei Steinen auf den Boden gelegt.

Ein Kind darf nun gleich sein Gedächtnis unter Beweis stellen. Es bekommt etwa zwei Minuten Zeit, um sich die Lage der Steine genau einzuprägen. Dann dreht es sich um und zwickt zusätzlich noch die Augen zu. Die anderen Kinder tauschen schnell zwei beliebige Steine aus, so dass zwar die Steine noch dieselben sind, aber zwei davon an einem anderen Ort liegen.

Das Kind darf sich nun wieder umdrehen und soll möglichst schnell angeben, welche zwei Steine den Platz getauscht haben.

Variante: Dieses Spiel lässt sich natürlich auch mit anderen Materialien, z. B. Blättern, Knöpfen oder Muscheln, durchführen.

Die Schatzkiste

Besitzen Sie eine verschließbare Kiste oder Kassette? Das wäre toll, denn dann könnten Sie ein Bonbon oder einen anderen kleinen Preis in die »Schatzkiste« legen, die Kiste verschließen und den Schlüssel an einen Schlüsselbund mit vielen weiteren Schlüsseln hängen. Wenn die große Langeweile hereinbricht, übergeben Sie dem Kind die Schatzkiste und den Schlüsselbund und versprechen ihm den »Schatz«, wenn es ihm gelingt, die Schatzkiste zu öffnen.

7.
Wunder-volle Welt

*S*taunen Sie zusammen mit Ihrem Kind über die großen und kleinen
Wunder dieser Welt. Sei es ein spektakulärer Sonnenuntergang oder der
hauchdünne, bunt schillernde Flügel eines Schmetterlings. Die Welt
ist voller Wunder für alle, die ihr mit offenen Augen und
offenen Ohren respektvoll begegnen.

Die Igeltüte

Eine kleine, durchsichtige Plastiktüte wird mit Wasser gefüllt und fest verknotet. Wer sich traut, bohrt jetzt von allen Seiten Buntstifte in die Tüte, so dass ein Teil der Stifte im Wasser steckt und der andere Teil aus der Tüte herausschaut. Das sieht nicht nur lustig aus, es ist auch verblüffend, dass kein Wasser ausläuft.

Warum? Die Stifte wirken wie Stöpsel, die die Löcher verschließen. Das Material der Tüte schließt die Löcher rundherum wasserdicht ab.

Das Monsterbärchen

Wie schafft man es, ein einfaches, kleines Gummibärchen zum Wachsen zu bringen? Ganz einfach! Man legt es über Nacht in ein Glas kaltes Wasser. Das klappt übrigens mit Weingummi genauso gut.
Und warum funktioniert das? Wie ein Schwamm saugt sich das Bärchen über

Nacht voll Wasser. Älteren Kindern erklärt man, dass viele Stoffe Wasser aufnehmen und dadurch an Größe und Gewicht zunehmen können. Bei den Gummibärchen geht es besonders gut, und außerdem ist es einfach lustig, so einen Riesenbären herzustellen.

Ach du liebes Ei!

Um dieses Experiment anschaulich zu zeigen, braucht man 2 Eier, 2 gleiche Tassen, die mit kaltem Leitungswasser gefüllt sind, 1 Esslöffel und Salz. Zuerst legt man ein Ei in die erste Wassertasse. Ganz klar, was passiert: Das Ei sinkt auf den Boden. Nun rührt man in das Wasser der anderen Tasse fünf Esslöffel mit Salz, bevor man das zweite Ei in diese Salzlösung legt. Potzblitz! Dieses Ei schwimmt gemütlich auf der Wasseroberfläche.
Was ist denn hier los?
Während kleine Kinder einfach staunen dürfen, erklärt man größeren, die den Dingen gerne auf den Grund gehen, das »Wunder« so:
Das Tote Meer und der Große Salzsee sind berühmt für diese Erscheinung. Auch hier ist so viel Salz im Wasser, dass man sich, ohne Schwimmbewegungen zu machen, «aufs» Wasser legen kann. Es gibt sogar Menschen, die lesen dabei gemütlich ihre Zeitung. Das Salz erhöht die Dichte des Wassers so sehr, dass das Ei darauf schwimmen kann.

Das Mini-Feuerwerk

Wer eine Mandarine isst, sollte die Schalen nicht wegwerfen, sondern erst noch ein kleines Feuerwerk veranstalten! Im Beisein eines Erwachsenen wird eine Kerze angezündet. Dann bekommt jeder kleine Zauberer ein Stück der Schale und quetscht sie mit seinen Fingern so, dass das Öl der Schale in die Kerzenflamme spritzt. Bei Dunkelheit sieht das wirklich toll aus.

Das Staunen nicht verlernen

Wenn sich Papa und Mama noch über Alltagssensationen wundern können und ihren Forscherblick nicht verloren haben (»Warum klappert der Deckel, wenn das Wasser kocht?« »Komisch, dass die Luftblasen immer nach oben steigen ...«), dann werden ihre Kinder ebenfalls mit einer gehörigen Portion Wissensdurst die Umwelt erobern.

Selbst gemachter Regenbogen

Regenbogen sind wunderschön anzusehen und faszinieren nicht nur kleine Kinder. Wer schon oft vergeblich nach einem Regenbogen Ausschau gehalten hat, dem macht es bestimmt Spaß, einen eigenen kleinen Regenbogen herbeizuzaubern.

Ein Glas Wasser wird so auf das Fensterbrett gestellt, dass die Sonnenstrahlen auf das Wasserglas fallen. Wenn das Kind jetzt ein Blatt Papier hinter das Glas hält, wird darauf sein kleiner privater Regenbogen sichtbar.

Erde + Wasser = Matsch

Was für ein herrliches Gefühl, wenn sich Finger und Zehen in den weichen Matsch wühlen! In Sachen Matsch scheiden sich leider oft die Geister, dabei ist dieses glitschige Element ein Paradies zum Bauen und Formen.

Mein kleines Wiesenreich

Das Kind bekommt ein Stück Schnur von etwa 1 m Länge, dessen Enden zu einem Ring verknotet sind. Mit diesem Ring geht es langsam über die Wiese und sucht sich eine geeignete Stelle zur Gründung eines Wiesenreiches aus. Jetzt legt es den Ring sorgsam auf dem Wiesenboden aus und betrachtet genau, was sich so alles in dem Ministaat tut, welche Pflanzen hier wachsen, welche Tiere herumkrabbeln, wie der Boden beschaffen ist usw. Je länger man die Stelle betrachtet, umso mehr Dinge sieht man. Wenn es anfängt zu regnen, baut man sich mit Regen- oder Sonnenschirm und einem Hocker einen trockenen Unterstand und beobachtet die Veränderungen in seinem Wiesenreich. Wohin fällt der erste Regentropfen? Wie verhalten sich die Blüten (Käfer, Würmer, Ameisen ...) im Regen? Wer einen Plastikbecher innerhalb seines Staates aufstellt, kann nach dem Regenguss sogar kontrollieren, wie viel Regen gefallen ist.

Ein Vogelnest

Wer Glück hat und ein leeres Vogelnest findet, sollte sich zusammen mit dem Kind die Zeit nehmen, es ganz genau zu betrachten. Es ist bewundernswert, wie viele verschiedene, kleine Dinge das Vogelpaar zusammengetragen hat, um dieses kuschelige Wunderwerk zu bauen.

Autobahn für Ameisen

Alle großen und kleinen Parkspaziergänger suchen gemeinsam nach einer Ameisenstraße. Hat man eine entdeckt, legt man ein paar Kuchenkrümel oder etwas anderes, möglichst Süßes, in die »Bahn« und warten mit Spannung ab, wie sich das Futtergeschenk in Ameisenkreisen herumspricht.

Jagd auf Neuigkeiten

Immer wieder der gleiche Weg – da soll einer noch vergnügt mitgehen wollen? Diesmal wird es aber bestimmt spannend, denn das Kind soll nach zehn verschiedenen Dingen Ausschau halten, die es vorher noch nie gesehen hat. Also vielleicht die Tatsache, dass am Spielplatzzaun eine Latte fehlt oder dass hinter der alten Buche im Park tatsächlich bläulich schimmernde Pilze wachsen usw.

Wer sich einmal auf diese merkwürdige Jagd eingelassen hat, dem fallen immer mehr und mehr Neuigkeiten auf.

Das Sammel-Armband

Aus einem Streifen breitem Paketklebeband wird für das Kind ein Sammel-Armband hergestellt. Die Klebeseite des Bandes schaut nach außen, so dass der kleine Naturforscher seine Minifundstücke dort anheften kann. Als Fundstücke eignen sich z. B. leere Schneckenhäuser, Blätter, glitzernde Steinchen, Tannennadeln, Moos. *Achtung:* Rechtshänder tragen das Sammel-Armband auf der linken Seite, Linkshänder auf der rechten, so dass das Ankleben der Fundstücke mit der gewohnten Hand möglich ist.

Abendessen für Insekten

Um möglichst viele Insekten wie Schmetterlinge, Käfer und Ameisen anzulocken, rührt man eine überreife Banane mit etwas Honig oder braunem Zucker zu einem Brei und streicht ihn abends auf die Rinde eines Baumes. Sobald es dunkel ist, schleichen wir uns hinaus und leuchten mit Taschenlampen den »Insekten-Esstisch« ab. Wer Glück hat, kann verschiedene Arten von Käfern und Nachtfaltern bewundern und ihnen sogar eine Weile beim Abendessen zusehen.

Variante: Reste von Bier und Wein in einer Flasche sammeln! Abwarten, bis die Flüssigkeit zu gären beginnt. Eventuell noch etwas Zucker in die Lösung hineinrühren. Stoffreste in Streifen reißen, in die Flüssigkeit tauchen und über die Äste eines Laubbaumes hängen. Schmetterlinge lieben diesen Duft und werden von weither anreisen, um sich auf den Lockstreifen niederzulassen. Bei Dunkelheit entdeckt man mit der Taschenlampe viele Arten von Nachtfaltern. Toll,

Tipp: Ich bin unvergleichlich!

Viele Kinder verlieren die Lust am Lernen, wenn sie dauernd mit anderen Kindern, meist mit Geschwistern, verglichen werden oder nur ihre Endergebnisse (Noten, Bastelprodukte ...) bewertet werden. Kinder wollen echtes Interesse an ihrem Tun. Sie wünschen sich Eltern, die ihre Einzigartigkeit schätzen, ihr Bemühen anerkennen und ihre Begeisterungsfähigkeit für eine Sache teilen.

wer jetzt noch ein Buch bei der Hand hat, in dem steht, wie die Insekten heißen und was es sonst noch Besonderes über sie zu sagen gibt.

Hör doch mal!

Alle kleinen und großen Spaziergänger setzen sich nebeneinander auf den Waldboden, schließen die Augen und lauschen. Je länger man das tut, umso sensibler wird das Gehör, und man kann viele verschiedene Geräusche unterscheiden. Ganz schön was los hier im »stillen« Wald!

Baumschule

Die wichtigsten einheimischen Bäume sollte eigentlich jeder Mensch kennen. Auf einem Spaziergang wird ein bestimmter Baum ausgesucht, benannt und ganz genau untersucht: Blätter, Früchte, Struktur der Rinde.
Kinder können zusätzlich noch interessante Baum-Souvenirs in Form von »Rubbelbildern« machen und zwar so: Ein weißes Blatt Papier wird mit einer Hand fest gegen die Rinde gepresst. In der anderen Hand hält das Kind einen weichen Bleistift oder Kohlestift und fährt damit vorsichtig auf dem Papier auf und ab. Wie von Zauberhand wird die Rindenstruktur auf dem Papier sichtbar.
Die Rubbelbilder werden gesammelt,

mit dem Namen des jeweiligen Baumes versehen und zu Hause aufgehängt.

Was wächst in meinen Socken?

Ausrangierte, partnerlose, möglichst dicke Wollsocken sind für diese Aktion prima geeignet. Das Kind zieht die Socken an und läuft mit ihnen über die Sommerwiese. Eine ganze Menge Samen werden an den Socken haften bleiben. Zu Hause werden die Socken in einen Karton mit Erde gelegt, gut gewässert und auf das Fensterbrett gestellt. Oder wir stecken jede Socke in einen Plastikbeutel, wässern die Socken gut und hängen den Plastikbeutel ins Fenster.
Schon nach ein paar Tagen werden die ersten grünen Spitzen sichtbar.
Sehr spannend und interessant, welche Pflänzchen auf dem »Sockenbeet« heranwachsen. Wer will, »pflanzt« das »Sockenbeet« nach ein paar Wochen im Garten ein.

Naturtaufe

So viele verschiedene Blumen und Tiere kann man auf einer Frühlingswiese bestaunen – und was für komische Namen die haben! Die Lebewesen, deren Namen aber niemand weiß, taufen wir selber! Also, da gibt es dann vielleicht eine rote Bratwurstblume, die braune Weingummischnecke, einen orangefarbenen Feuerfalter und viele mehr.

Lassen Sie der Fantasie der Kinder freien Lauf. Auch wenn Ihnen viele der gefundenen Begriffe seltsam vorkommen – Ihr Kind lernt auf diese Weise, Begriffe frei zu assoziieren, und zudem schult das Namenerfinden seine Kreativität.

Einer wie der andere?

Von wegen: Ein Apfel sieht aus wie der andere. Wer sich mal die Mühe macht, seinen Apfel genau zu betrachten und ihn mit seinen Kollegen vergleicht, wird staunen, wie unterschiedlich diese Früchte sind. Für unser Spiel erhält jedes Kind einen Apfel und ein paar Minuten Zeit, den saftigen Burschen genau zu begutachten. Dann werden alle Äpfel eingesammelt und in einem Korb gemischt. Alle versuchen nun, ihre eigenen Äpfel aus der Menge herauszufinden. Das ist nicht einfach!

Das Bildersuchspiel

Wählen Sie vor dem Besuch in der Gemäldesammlung eines Museums gemeinsam etwa drei Bilder aus, die dem Kind beson-

Besuch im Museum

Mit Kindern eine Gemäldesammlung oder ein Museum zu besuchen, kann für Groß und Klein ein besonderes Erlebnis werden, wenn Sie von vornherein Ihren Besuch auf eine bestimmte, überschaubare Abteilung reduzieren! Die meisten Eltern haben Angst vor einer qualitativen Überforderung des Kindes, dabei ist meistens nur die Quantität das Problem. Kinder sind viel offener und fantasievoller als Erwachsene.

ders gut gefallen: entweder mit Hilfe eines entsprechenden Buches, Kataloges oder im Museumsladen, wo es die Bilder als Postkarten zu kaufen gibt.

Die ausgewählten Bilder werden im Museum ge- und besucht. Dabei stößt man manchmal unweigerlich auf Ähnlichkeiten verschiedener Gemälde. Sprechen Sie mit dem Kind darüber. Worin besteht die Ähnlichkeit? Ist es das Motiv oder die Farbe?

Das Blitzspiel

Während das Kind die Augen fest schließt, wird es im Museum zu einem neuen Objekt oder einem neuen Schaukasten geführt. Das Kind darf nur für etwa 20 Sekunden das Bild anschauen und dreht sich dann um.

Woran kann es sich erinnern? Was war zu sehen? Welche Farben hatte das Objekt?

Tauschen Sie die Rolle! Lassen Sie sich von Ihrem Kind zu einem unbekannten Objekt führen. Dieses Spiel macht immer wieder Spaß!

Variante: Ich seh etwas ... Betrachten Sie zusammen mit dem Kind ein Gemälde oder einen Schaukasten und spielen Sie: »Ich seh etwas, und das ist rot, rund ...«

8.
Willkommen
im Fingerzirkus

*W*er seinem Kind die Möglichkeit gibt, viele Dinge zu be-greifen und zu er-fassen, fördert nicht nur die Geschicklichkeit. Wissenschaftler haben festgestellt, dass das Lernen in Verbindung mit Bewegung die dichte Vernetzung der Nervenzellen fördert und die Durchblutung des Gehirns anregt. Geschicklichkeitsspiele trainieren die Koordinationsfähigkeit und üben viele der Fertigkeiten ein, die das Kind z. B. beim Schreiben braucht. Es lernt den sicheren motorischen Umgang mit verschiedenen Materialien, und das fördert letztendlich auch sein Selbstbewusstsein.

Schachtelhochwurf

Eine kleine Schachtel wird auf eine größere gelegt. Dann hält man die untere
Schachtel mit beiden Händen fest,
schleudert die kleinere hoch in die Luft
und fängt sie wieder mit der größeren
Schachtel auf. Wem dieses Spiel schon
gut gelingt, der kann es wagen, mit einem Partner zusammen Schachtelball
zu spielen und zwar so: Jeder Spieler
hält seine Schachtel in beiden Händen.
Eine kleinere Schachtel dient als Ball. Sie
wird jetzt von den Kindern hin- und her
geworfen.

Nur Geduld!

*Kinder und Erwachsene sind in der Regel ziem-
lich ungeduldig, weil sie schnelle und ein-
drucksvolle Ergebnisse sehen wollen – Werke,
die mit ein paar Handgriffen gemacht sind
und trotzdem eine große Wirkung erzielen;
deshalb sollte die Bastelei nicht zu schwierig
sein, sonst wird aus dem Vergnügen Stress.
Ein paar Tipps:*

♥ *Bloß nicht zu viel Aufwand beim Basteln
   treiben, sonst springen die Kinder ab. Je
   geringer der Aufwand an Material desto
   besser.*

♥ *Nicht zu perfekte Ergebnisse erwarten
   und ganz genau an der Anleitung kleben,
   sondern die eigene Fantasie spielen lassen
   und viel improvisieren. Kinder sind eher zu
   begeistern, wenn sie kreativ sein können.
   Alles genau nach Vorlage oder auf Anweisung von Mami oder Papi machen zu müssen, verdirbt den Spaß an der Sache.*

♥ *Die Bastelzeit begrenzen! Hier müssen
   nicht 350 Goldpapiersterne fertig werden,
   einer, über den sich alle freuen, ist ein
   wunderbares Ergebnis!*

Meine Hände haben Ferien!

Ständig sind die Hände in Bewegung.
Kein Wunder, dass sie einmal Ferien machen wollen!
Die Hände verschwinden auf den Rücken, und als »Urlaubsvertretung« springen die Füße ein. Wir begrüßen uns, indem wir uns die Füße schütteln, tragen
kleine Gegenstände ausschließlich mit
den Füßen durch die Gegend, und wer
will, darf mal ausprobieren ob er mit einem Bleistift zwischen den Zehen malen
oder sogar schreiben könnte.

Kernige Beschäftigung

Eine große, dicke Sonnenblume und eine
Pinzette, mit abgerundeten Enden ...
schon kann der Spaß beginnen. Das
Kind zieht mit der Pinzette die Sonnenblumenkerne aus der Blüte und legt sie
auf einen bereitgestellten Teller. Was
dabei geübt wird, ist nicht nur Feinmotorik und der Umgang mit einem Werk-
zeug sondern auch Aufmerksamkeit und
Konzentration. Die Sonnenblumenkerne

werden getrocknet und dann z. B. im Salat gegessen.

Einige getrocknete Sonnenblumenkerne sollten unbedingt aufgehoben werden! Im nächsten Frühling darf das Kind die Kerne einpflanzen und dabei zurückdenken an den Tag, an dem wir die Kerne aus der Blüte gezogen haben.

Falten

Jedes Kind sollte ein Schiffchen und einen Flieger basteln können. Das vertreibt in »Notzeiten« die Langeweile, weil es eine ganze Menge Spielmöglichkeiten in sich birgt.

Außerdem schult das Falten nach einem bestimmten Plan die Feinmotorik, die Konzentration und die Geduld.

Und so wird's gemacht:

Das Schiffchen

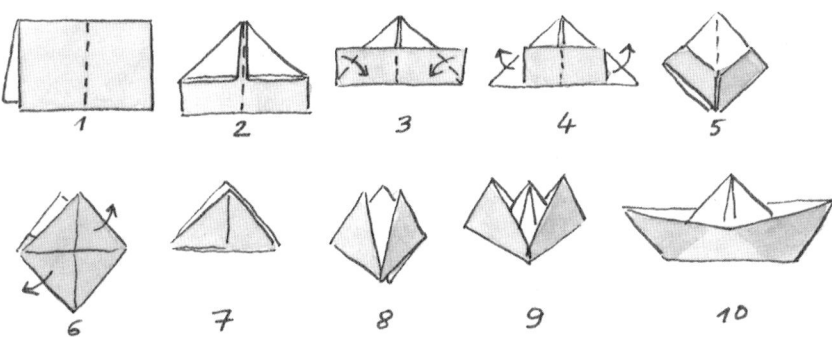

Der Papierflieger

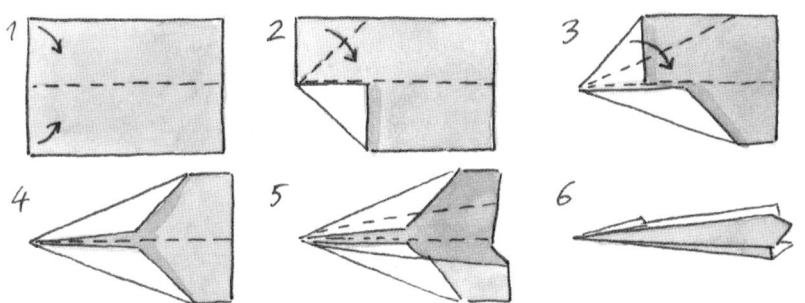

Das Kartenhaus

Kartenhäuser zu bauen, erfordert viel Geduld und Geschicklichkeit. Wer von beidem nicht allzu viel besitzt, probiert es einfach mit einem Trick: Man braucht dazu ein altes Kartenspiel. Die Hälfte der Karten werden in der Mitte geknickt, so dass sie diese Form haben:

Ja, und dann kann's auch schon losgehen. Türme, Häuser oder Brücken – ganz egal, was man bauen will – werden so wesentlich mehr Stabilität aufweisen.

Geschicklichkeitsspiele

Spielen Sie mit Ihrem Kind solche Gesellschaftsspiele, bei denen auch die manuelle Geschicklichkeit gefördert wird, z. B.: »Stapelmännchen« oder »Mikado«. Letzteres kann man übrigens auch prima mit bunten Plastiktrinkhalmen (s. S. 40) oder Zahnstochern spielen.

Origami

Kaufen Sie Ihrem Kind einen Block mit buntem Origamipapier und ein Buch mit kindgerechten Anleitungen. Das Falten der kleinen Tiere und Blumen trainiert die Feinmotorik, die Konzentration und die Ausdauer. Sobald das Kind darin eine bestimmte Fertigkeit erlangt, werden Sie erleben, dass es von selbst anfängt zu falten, wenn es sich langweilt oder unausgeglichen ist. Das Falten beruhigt und bringt einen schnell auf andere Gedanken.

Gummi-Quatsch

Jede Menge Marshmallows, Weingummi und Zahnstocher werden benötigt, wenn man Gummimännchen, Tiere, Häuser und Gummidenkmäler herstellen möchte. Ein toller Spaß für Kinder, bei dem weit weniger genascht wird, als man meint.

Stein auf Stein

Hohe Türme bauen und die dann ganz vorsichtig anschubsen, an diesem Vergnügen haben schon die kleinsten Kinder ihren Spaß. Wer keine Holz- oder Plastikbausteine hat, behilft sich mit einem Paket Pappbechern. Die Becherchen werden mit der Öffnung nach unten aufeinander gestellt. Und wenn der Turm dann umfällt, kann sich niemand über den Lärm beschweren, denn die Pappbecher fallen ganz leise ...

GeBallte Zusammenarbeit

Immer zwei spielen zusammen. Sie halten einen Ball zwischen ihren Köpfen fest und sollen jetzt möglichst schnell aus Spielkarten (Würfelzucker, Pappbechern, Klopapierrollen ...) einen Turm bauen.

Fällt der Ball während des Turmbaus zu Boden, darf so lange nicht weitergebaut werden, bis er wieder an seinem Platz ist.

Besonders lustig wird es, wenn mehrere Zweiergruppen im Wettbewerb gegeneinander antreten.

Die Bastelkiste

Kinder basteln leidenschaftlich gern. Darum sollte es eigentlich in jeder Familie eine Bastelkiste geben, in der auch Wegwerfmaterialien wie kleine Schachteln und Papier gesammelt werden können.

Was sonst noch in diese Kiste gehört? Zeitungspapier, alte Illustrierte, viel Kleber, eine Schere, Schnur, Bändchen, Flaschenkorken, Pappteller, Pappbecher, Stoffreste, Büroklammern, Stifte aller Art, Farbkasten, Fingerfarben, Bastelfolie, Holzperlen, Glimmerpulver, eine Kerze, ggf. auch Naturmaterialien wie Zapfen, Stöckchen, Steine usw.

Versenken

Dieses Spiel kann man wirklich immer spielen, wenn es gerade mal langweilig

Des Toasters Innenleben

Technisch interessierte Kinder freuen sich über einen alten Toaster, einen ausrangierten Wecker oder ein altes Radio, das sie genüsslich auseinandernehmen dürfen.

ist, denn das Zubehör hat man immer »zur Hand«.

Das Kind bildet mit Daumen und Zeigefinger der linken Hand einen Kreis und spreizt die übrigen Finger leicht ab. Dann legt es mit der anderen Hand einen beliebigen länglichen Gegenstand, z. B. einen kleinen Stift, ein Streichholz oder ein Wattestäbchen, quer über den Kreis.

Wenn alles soweit vorbereitet ist, wird es spannend: Das Kind schnellt seine linke Hand ruckartig nach oben, so dass das Stäbchen in die Luft fliegt und versucht, es so zu »versenken«, dass es durch den Fingerkreis hindurch zu Boden saust. Keine Angst, das klingt komplizierter, als es ist.

Nach einem »Treffer« durch den Kreis der linken Hand ist die rechte an der Reihe.

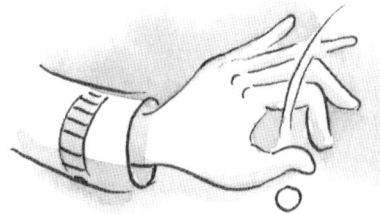

9.
Alles logo oder was?

*W*eitaus wichtiger als lesen, schreiben und rechnen ist es, dem Kind vor
der Schule so genannte Grundtugenden beizubringen wie: genaues, konzent-
riertes Zuhören und Beobachten, sich sprachlich artikulieren, Arbeitsaufträ-
ge verstehen und umsetzen, Entscheidungen fällen.
*T*rotzdem braucht Schulstoff kein Tabu zu sein. Jeder darf Kindern auch vor der
Schule erklären, wie die Buchstaben oder Zahlen heißen – vorausgesetzt natürlich, die Kinder zeigen Interesse und fragen. Es gibt eine Menge kleiner Lernspie-
le, die den Kindern großen Spaß machen und verschiedene Grundtugenden und
Grundkenntnisse vermitteln, die nicht nur während der Schulzeit wichtig sind.

Fragen stellen

Bei diesem Quiz gibt ein Spieler eine beliebige Antwort vor, z. B. »Es ist zehn nach fünf«. Sein rechter Nachbar muss die passende Frage dazu stellen, in diesem Fall also »Wie spät ist es?«, bevor er seinerseits eine Antwort vorgibt, z. B. »Wir werden Tante Lisa besuchen«. Eine passende Frage könnte lauten »Was macht ihr am Wochenende?« usw.

Da fehlt doch was!

In ein Schulheft wird auf jede Seite ein Gegenstand gemalt, der dem Kind bekannt ist, z. B. ein Auto, ein Hund, eine Ente. Das Besondere: Jedem Gegenstand fehlt etwas Wichtiges. So hat die Ente keinen Schnabel, dem Hund fehlt der Schwanz, und das Auto hat keine Räder.

Das Kind soll herausfinden, was fehlt, und dann die fehlenden Bildteile mit einem Farbstift ergänzen. Kleinen Kindern kann man, nachdem sie genannt haben, was fehlt, die einzuzeichnenden Teile mit Punkten vorspuren.

Logik-Spiele

Spielen Sie mit Ihrem Kind »Vier in einer Reihe«, Mühle, Dame, Schach und »Sudoku«. Dabei wird das logische Denken besonders gut trainiert.

Von 1 bis 6 und zurück

Ein Würfel, Papier, Stift und Bleistift braucht man für dieses Spiel. Reihum wird gewürfelt. Jede Zahl von 1 bis 6 wird neben dem Namen des Würflers notiert, bis die Zahlenreihe komplett ist. Würfelt ein Spieler eine Zahl mehrmals, wird das nicht berücksichtigt.

Stehen schließlich bei einem Würfler die Zahlen von 1–6 komplett auf dem Zettel, geht das Spiel für ihn rückwärts weiter. Jetzt wird jede Zahl, die fällt, auf dem Papier durchgestrichen.

Es gewinnt, bei wem zuerst alle sechs Zahlen durchgestrichen sind.

Ein Schatz für Onkel Dagobert

Auch kleine »Dagoberts«, die mit Geld noch nicht rechnen können, freuen sich sehr über eine Schatzkiste mit Spielgeld (kostenlos bei Banken oder Sparkassen). Das Kind kann die Geldscheine und Münzen sortieren und vergleichen oder »Schatzgräber« spielen. Außerdem ist Spielgeld zwingendes Requisit bei Kaufladenspielen, Kinderpost und Restauranteröffnungen.

Das Kind lernt beim Spielen das Aussehen der Münzen und Geldscheine kennen. Zeigen Sie ihm dann die »echten« Münzen und ordnen Sie jedem echten Geldstück das entsprechende Spielgeld zu.

Finanzverwaltung

Toll, wenn das Kind, vielleicht zusammen mit den Nachbarskindern einen Stand auf dem Flohmarkt eröffnen darf. Da müssen zuvor die Waren ausgezeichnet und dann natürlich die Einnahmen verwaltet werden. Das Herausgeben des Wechselgeldes fordert ständiges Rechnen und Nachzählen. Ein prima Training, ohne dass es dem Kind wie eine langweilige Rechenübung vorkommt.

Der Würfelkrimi

Dieses spannende Familienspiel vertreibt wunderbar die Langeweile, ist lehrreich und hat den Vorteil, dass die Großen den Kleinen nicht von vornherein überlegen sind. Ganz besonders wichtig aber ist die Bedingung, dass eine Entscheidung, ist sie einmal getroffen, nicht mehr rückgängig gemacht werden kann.

Man braucht 1 Würfel, 1 Blatt Papier und 1 Stift.

Zuerst malt man für jeden Mitspieler ein Haus wie das abgebildete auf den Zettel und schreibt den Namen des Spielers ins Dachgeschoss.

Das jüngste Familienmitglied beginnt. Es würfelt und muss dann sofort entscheiden, in welche Stelle seines Zahlenhauses die Zahl eingetragen werden soll. Eine Sechs oder eine Fünf wird man vermutlich in die Hunderterstelle eintragen lassen, eine Eins oder Zwei dagegen lieber in die Einerstelle. Ganz egal, wie sich der Spieler entscheidet: Eine Zahl, die eingetragen wurde, bleibt dort unauslöschlich stehen! Derselbe Spieler ist also noch zweimal an der Reihe, bevor seine erste, dreistellige Hauszahl festliegt und er den Würfel an den nächsten Spieler weitergibt.

Nach fünf Spielrunden werden die Zahlen in jedem Haus addiert und so der Sieger mit dem höchsten Endergebnis ermittelt.

Wir messen

Wer mit einem Grundschulkind irgendwo längere Zeit warten muss und nichts zum Spielen dabei hat, fängt einfach an, alle Möbel, Bücher, Stühle, Tische und was es sonst noch so gibt auszumessen. Als »Maßband« dient dem Kind einmal die Fingerspanne, ein anderes Mal die Länge des Daumens, eine Karotte, ein Bleistift ... Eine spannende Sache!

Die Waage

Eine Küchenwaage ist ein spannendes und lehrreiches Instrument. Man kann bspw. das Gewicht eines Gegenstandes erst mit der Hand schätzen und dann nachprüfen, wie schwer er wirklich ist. Nach ein paar Übungsdurchgängen verschätzt man sich gar nicht mehr so! Man kann sich auch zwei etwa gleich schwere Dinge vornehmen, schätzen, welches der beiden schwerer ist, und die Sache dann mit der Waage überprüfen.

Besonders interessant sind Versuche, bei denen verschiedene Flüssigkeiten in gleich schweren Bechern gewogen werden. Diät-Cola ist z. B. leichtes als normale Cola!

Wer eine genaue Waage besitzt, kann vielleicht auch das Gewicht eines schlappen Luftballons messen und es mit dem eines aufgeblasenen Ballons vergleichen.

Bei der Kuchenteigherstellung kann schon das Kind die Mengen abmessen. So bekommt es schnell eine Vorstellung von den Gewichten.

Entscheidungen fällen

Entscheidungen fällen zu können, ist ein wichtiges Entwicklungsziel für das Kind. Bahnen Sie diese Fähigkeit schon frühzeitig an. So kann z. B. ein Kindergartenkind entscheiden, ob es heute die roten oder die blauen Schuhe anziehen möchte, oder links einen roten und rechts einen blauen … Ein Grundschulkind darf selbständig entscheiden, wofür es sein Taschengeld ausgeben will, und ein Teenager, welche Kleidungsstücke er mit dem verfügbaren Geld einkaufen will und zu welcher Uhrzeit er am liebsten die Vokabeln paukt. Sprechen Sie an jedem Geburtstag mit Ihrem Kind über die neu erlangte Entscheidungsfreiheit!

Schwer, schwerer, am schwersten

Das Kind darf sich auf einer Personen-
waage wiegen und soll sich dann so
schwer wie möglich machen, indem es
zusätzliches Gewicht aufnimmt. Da zeigen sich die kreativen Geister! Mit Opas

Zeitgefühl

*Kleine Kinder haben kaum Vorstellung von
Zeit. Vergleichen Sie deshalb die Ihnen bevor-
stehende Warte-, Reise- oder Spielzeit mit einer bereits erlebten, oder geben Sie einen
kindgemäßen Zeitbegriff, z. B.: Die Fahrt dauert so lange, wie*

- ♥ *wir gestern beim Friseur gewartet haben;*
- ♥ *der Kindergottesdienst gedauert hat;*
- ♥ *du brauchst, um einen Schneemann zu
bauen;*
- ♥ *»Bert das Brot« im KiKa läuft.*

Skistiefeln an den Füßen und einem
Rucksack voller Konservenbüchsen geht
es erneut auf die Waage und dann wird
gerechnet und verglichen, um wie viel
das Kind »zugenommen« hat.

Jahreszeitenrätsel

Zuerst wird über die beiden Jahreszeiten Sommer und Winter gesprochen.
Dann nennt der Erwachsene nacheinander verschiedene Begriffe, z. B. »Schneemann«, »Badehose«, »Mütze«. Das Kind
ordnet jedem Begriff die passende Jah-
reszeit zu.
Später wird mit allen vier Jahreszeiten
gespielt.

Der Warte-Kalender

Wenn z. B. auf den Beginn einer Reise in
14 Tagen ungeduldig gewartet wird, leis-
tet der Wartekalender gute Dienste. Auf
ein weißes Zeichenblatt werden – entsprechend den Wartetagen – ebenso
viele Ausmaltierchen mit dickem
schwarzem Stift gemalt. Jeden Tag darf
sich das Kind eine Figur aussuchen und
mit Buntstiften ausmalen. Sind alle Figu-
ren bunt, ist die Wartezeit vorbei!

Ordnung muss sein!

Die meisten Kindergartenkinder sortieren leidenschaftlich gern und können
sich so eine ganze Weile beschäftigen.
Das Kind bekommt einen leeren Eierkar-
ton und eine Schale mit getrockneten

Erbsen, Bohnen, Linsen und was sonst noch zu finden ist. Ein andermal werden Schrauben, Muttern, Nägel und andere Kleinteile aus der Werkzeugkiste sortiert oder Knöpfe nach Größe, Farbe und Anzahl der Löcher.
Ältere Kinder sortieren die Gewürze nach dem Alphabet: Anis, Basilikum, Chili usw.

Lotte Lehmanns Lieblingszahlen

Ein Logikspiel, das man prima auch im Auto, Zug oder Flugzeug spielen kann. Lotte Lehmann hat eine Vorliebe für Zahlen wie: **12**, **45**, **30**, **9** und **216**. Wer kann noch weitere Zahlen nennen, die der Lotte gefallen würden?
(Lösung: Lotte liebt Zahlen, die durch 3 teilbar sind. Weitere Lieblingszahlen wären also z. B.: **6**, **57**, **15**, **33** ...)
Aber auch Willi Wortreich hat Lieblingszahlen, nämlich: **4**, **14**, **40**, **401**, **304**, **84** – und besonders mag er die Zahl **444**!
Jeder darf den anderen ein Lieblingszahl-Rätsel stellen.

Das Anti-Wahrsage-Spiel

Ein Kind nimmt ein Kartenspiel und mischt es gründlich durch. Dann hält es den Kartenstapel so, dass es nur selbst die oberste Karte sehen kann.
Jetzt nennt der Partner einen beliebigen Kartenwert, beispielsweise »Ass«. Sehr wahrscheinlich stimmt die Angabe nicht, und der erste Spieler legt die

Karten spielen

Karten spielen ist eine ideale Beschäftigung, um Bilder und Zahlen zu vergleichen und zu ordnen. Nebenbei wird auch noch gezählt und gerechnet, ohne dass das jemandem auffallen würde ...

oberste Karte (die eben kein Ass ist) verdeckt ab. Nun soll der Partner den nächsten Wert angeben usw.
Wem es passiert, die »Wahrheit« zu sagen, für den ist die Spielrunde zu Ende. Es werden die Karten gezählt, die bis dahin abgelegt wurden, und der Partner kann nur hoffen, dass der andere Spieler in der Rückrunde noch schneller die »Wahrheit« sagt.

10.
Auf die Schule, fertig, los!

Die Schule ist ein Ort des gemeinsamen Lehrens und Lernens. Kinder brauchen so einen Ort, um über die Familie hinaus Erfahrungen mit anderen Kindern und Erwachsenen machen zu können und von ihnen und mit ihnen zu lernen. Einen Ort, der zwischen der Familie und dem Leben »draußen« einen Schutzraum bietet, an dem sie Menschen treffen, denen sie vertrauen können, und an dem sie lernen, für sich selbst und andere Verantwortung zu übernehmen.

Bevor das Kind in die Schule kommt ...

... sollte es das können:

- ♥ seine Nase selber putzen,
- ♥ seine Schuhbänder binden,
- ♥ seinen Namen, Adresse und Telefonnummer angeben,
- ♥ die wichtigsten Grundbegriffe beherrschen wie: rechts, links, oben, unten, zwischen ....
- ♥ Farben und Formen benennen und unterscheiden,
- ♥ einfache Formen nachmalen,

Darüber hinaus sollte es das können:

- ♥ in einer Gruppe ansprechbar sein,
- ♥ sich sprachlich möglichst wortreich artikulieren,
- ♥ Regeln annehmen und danach handeln,
- ♥ einen einfachen Arbeitsauftrag verstehen und umsetzen,
- ♥ sich problemlos für bestimmte Zeit von seiner Bezugsperson lösen,
- ♥ Selbstvertrauen haben,
- ♥ zumindest ein kleines Maß an Frustration ertragen,
- ♥ sich über einen bestimmten Zeitraum konzentrieren,
- ♥ ausdauernd an einer Sache bleiben, bis diese erledigt ist,
- ♥ vielseitig interessierbar sein.

Schulweg

Ach wie glücklich die Kinder, die noch zu Fuß auf ungefährlichen Wegen in die Schule gehen dürfen! Es gäbe sicherlich weniger Gewalt an Schulen, wenn für jeden Schüler ein mindestens zehn Minuten langer strammer Schulweg gewährleistet wäre. Wer sein Kind jeden Morgen mit dem Auto zur Schule fahren muss, der sollte es wenigstens ein paar hundert Meter vor dem Schulgebäude aussteigen und laufen lassen! Besonders bewegungshungrigen Kindern verhilft das morgendliche Schulweg-Joggen mit Freunden, Geschwistern oder Eltern zu Ausgeglichenheit und Konzentrationsfähigkeit.

Eine Klasse guter Freunde

Ein paar Wochen vor Beginn der Sommerferien sind normalerweise die Klassenlisten fertig, und es steht zumindest einigermaßen sicher fest, mit welchen anderen Kindern Ihr Kind zur Schule gehen wird. Ein Gespräch mit der Schulleitung und der Bitte nach einer Liste der Schulanfänger kann sehr nützlich sein, vor allem, wenn ein schüchternes Kind zur Schule kommt. Die Ferienzeit eignet sich ideal dafür, Kontakt zu den zukünftigen Klassenkameraden und deren Eltern aufzunehmen. So kommt das Kind eben nicht in eine völlig neue Klasse. Eine Party für die Schulanfänger kurz vor Schulbeginn wäre natürlich ebenfalls eine tolle Sache. Am besten organisiert man so etwas im Verbund mit anderen Eltern, um nicht als »übermotivierte« Mutter in Verruf zu kommen und automatisch zur Elternsprecherin gewählt zu werden!

Muntermacher

Fetzige, fröhliche Musik am Morgen hilft sogar an Montagen! Achten Sie darauf, dass das Kind gut gestimmt aus dem Haus geht, denn so, wie es am Morgen »drauf« ist, wird meistens sein ganzer Schultag verlaufen.

Schulweg-Freunde

Gibt es noch ein anderes Kind aus der Nachbarschaft, das jetzt zur Schule kommt oder zumindest in dieselbe Schule geht? Ein »geteilter« Schulweg macht viel mehr Spaß, als wenn man immer alleine gehen muss.

»Geheimzeichen« auf dem Schulweg

Wenn man vor dem Schulbeginn den Schulweg mit dem Kind abgeht, kann man »Geheimzeichen« anbringen, die dann beim Alleingehen helfen und den langen Schulweg in kurze Abschnitte – von Zeichen zu Zeichen – einteilen. Als »Geheimzeichen« eignen sich z. B. klei-

Anerkennung der Bemühung

Gute Resultate in der Schule sollten natürlich immer gelobt werden. Aber belohnen und loben Sie immer auch ganz besonders die Bemühung des Kindes! Wenn z. B. ein kleines Mathegenie, mit großen Schwächen in Deutsch, eine Eins im Mathetest schreibt, so hat es sich dafür vermutlich weniger angestrengt als für die Drei im Deutschaufsatz.

ne, mit Kreide aufgemalte Sternchen, an bestimmten, markierten Stellen in die Erde gesteckte Stöckchen oder Steine, die vorher eingefärbt wurden.

Schlechte Noten

Kinder mit schlechten Noten sollten nicht geschimpft sondern getröstet werden!

Ist das erste Entsetzen vorbei, werden ganz konkrete Pläne gemacht, wie man sich so eine Pleite in Zukunft ersparen kann. Allgemeinsätze wie »Du musst mehr lernen!« helfen überhaupt nichts. Der Stoff muss klar umrissen und in Teilschritte zerlegt werden. Dann wird ein Plan gemacht, der konkrete Anweisungen gibt, z. B.:

Montag: Vokabeln S. 112–114 lernen, Vokabel S. 111 wiederholen.

Dienstag: Vokabeln S. 115 lernen, Vokabeln S. 111–114 wiederholen ...

Lesetricks

Ein »lesefaules« Kind liest gleich viel lieber, wenn

- ♥ es eine halbe Stunde später das
  Licht ausmachen und diese Zeit mit
  Lesen verbringen darf;
- ♥ es sehr kurze, lustige Geschichten zu
  lesen bekommt (kaufen Sie ein Witz-
  buch für Kinder);
- ♥ es das laute Lesen mit seinem MP3-
  Player aufnehmen darf;
- ♥ es der kleinen Schwester, der kran-
  ken Oma oder einem anderen »Hilfs-
  bedürftigen« vorlesen darf und dabei selbst erkennt, wie wichtig das
  Lesen ist;
- ♥ Papa eine Geschichte bis zu einer
  besonders spannenden Stelle vor-
  liest und das Kind dann selber weiter lesen lässt;
- ♥ man ihm einen triftigen Grund zum
  Lesen gibt – das kann für einen kleinen Tierliebhaber z. B. eine Katzen-

Lesen lernen

*Das Lesenlernen ist genauso leicht wie das
Sprechenlernen, es wird nur leider viel weniger praktiziert.*
*Nutzen Sie jede Gelegenheit zum Vorlesen
aus. Es müssen ja nicht immer Kinderge-
schichten sein. Auch die bunten, großen
Überschriften in Illustrierten sind spannend,
besonders, wenn das Kind schon den einen
oder anderen Buchstaben-Freund erkennt.*

Lesen vor Publikum

*Manche Erstklässler trauen sich nicht, vor den
Mitschülern laut vorzulesen. Üben Sie die Situa-
tion zu Hause, indem Sie dem Kind zuerst den
Lieblingsteddy als aufmerksamen Zuhörer ge-
genübersetzen, später dann die gesamte Schar
der Kuscheltiere. Die friedlich dösende Baby-
schwester hört auch gerne die Stimme ihres
Bruders, die Mama sowieso und der geduldige
Opa auch. Das Lesen wird immer flüssiger, das
Kind wird selbstbewusster, und schließlich
macht das Vorlesen richtig Spaß.*

suchanzeige sein, die an einem
Baum am Spielplatz hängt.
Tipp: Suchen Sie ein Buch aus, das ganz
wenig, in großen Lettern gedrucktem
Text hat. Sprechen Sie langsam und deu-
ten Sie auf das Wort, das Sie gerade lesen, dann erkennt Ihr Kind das Wort
bald selbst, besonders wenn es sich um
ein immer wiederkehrendes Wort (z. B.
den Namen der Hauptfigur) handelt.

Lesekonserven

Wie bringt man größere Kinder dazu,
das Lesen zu üben, erhält gleichzeitig
Material zum genauen Zuhören für kleinere Geschwister, macht Kinder glücklich und spart obendrein eine Menge
Geld? Hier der »ultimative« Tipp: Zuerst
sucht man eine Kindergeschichte aus,
die dem Alter des kleineren Kindes ent-
spricht. Dann fordert man das Lesekind

auf, die Geschichte besonders gut vorzulesen, weil es dafür dann eine kleine Belohnung bekommt.

Die Vorlesegeschichte wird mit dem Kassettenrekorder oder einem anderen Aufnahmegerät aufgezeichnet und dem kleinen Geschwisterchen geschenkt. Für die Lesekinder ist diese Aufgabe so motivierend, dass sie oftmals selber nicht zufrieden sind und immer wieder die Geschichte lesen, um ein optimales Ergebnis zu erzielen.

Der Bücherwurm

Ein Bücherwurm besteht aus vielen Einkaufszetteln, die man an der Kasse im Supermarkt erhält. Immer wenn das Kind ein Buch gelesen hat, wird der Titel auf die Rückseite eines Zettels geschrieben und der Bücherwurm um dieses Stück verlängert. So wächst der Bücherwurm und der Stolz des Kindes auf seine Leistung von einem Buch zum nächsten. Der Wurm wird an die Kinderzimmerwand geheftet, so dass das Kind auch Besuchern stolz erzählen kann, welche Bücher es schon gelesen hat.

Die Schatzsuche

Hier der »ultimative« Leseanreiz für leseunlustige Kinder: Schreiben Sie in sauberen Druckbuchstaben eine Anweisung, um an einen verborgenen Schatz zu kommen. Die Route des »Schatzgräbers« kann ihn nur durch die Wohnung oder (noch interessanter) auch ins Freie führen, z. B.:

- ♥ Gehe von der Haustür aus zehn Schritte geradeaus!
- ♥ Begib dich zum Baum, der links vor dir steht! Gehe nun fünf Schritte nach rechts!
- ♥ Begib dich zum nächsten Busch!
- ♥ Suche unter dem Busch!
- ♥ Unter dem Busch ist dann ein kleiner Preis versteckt. Natürlich kann man die nächste Schatzsuche durch mehr Anweisungen noch spannender gestalten.

Hausaufgaben

❤ Kinder benötigen einen ruhigen, wenn möglich immer denselben Arbeitsplatz. Störungen durchs Fernsehen und Ablenkungen durch andere Familienmitglieder beeinträchtigen die Konzentration erheblich.

❤ Der beste Zeitpunkt für die Hausaufgabe ist individuell verschieden. Es hat sich aber gezeigt, dass man nach der Schule eine Ausruhphase bzw. körperliche Bewegung braucht, um wieder leistungsstark zu sein.

❤ Hausaufgaben im letzten Augenblick zu erledigen, heißt arbeiten unter Zeitdruck. Arbeit unter Stress bringt keine guten Ergebnisse, außerdem ist es eine zusätzliche psychische Belastung für das Kind, manchmal sogar für die ganze Familie.

❤ Manchmal muss der Zeitplan verschoben werden, weil andere Sachen wichtiger sind, z. B. ein Arztbesuch. Was ist aber jetzt mit den Hausaufgaben?

❤ Dann helfen Mama oder Papa einmal ausnahmsweise kräftig mit; im Notfall wird die Hausaufgabe abgebrochen und eine nette, begründende Mitteilung an die Lehrkraft geschrieben.

Hilfe bei Hausaufgaben

Die wichtigste Hilfe der Eltern ist ihr grundlegendes Interesse an schulischen Arbeiten sowie Ermutigung, Lob und Kontrolle. Ziel bleibt, dass das Kind Hausaufgaben selbständig erledigen kann. Jedoch wird man ohne schlechtes Gewissen Hilfe leisten, wenn sie erforderlich ist.

Je mehr Interesse die Eltern für die Schule zeigen, umso mehr werden sie sich auch um schulische Belange kümmern, insbesondere wenn zusätzliche Aufgaben, z. B. Lernen vor Klassenarbeiten, dies erfordern. Dabei ist es für das Kind umso motivierender, wenn die Arbeit nicht in sturer Paukerei sondern in lustiger, spielerischer Form abläuft; z. B. kann man Vokabeln gut sichtbar und einsehbar auf folgende Weise abfragen: Kind mit Elternteil stehen vor der Treppe. Für jedes richtig genannte Wort darf das Kind eine Stufe höher steigen. Für jedes nicht gewusste oder falsche Wort steigt das Kind wieder eine Stufe hinab. Ziel ist

Auf Goethes Spuren

Die ersten Aufsätze der Kinder sind eine Sache für sich. Viele Eltern können sich gar nicht mehr vorstellen, wie schwierig es für ein Kind ist, schriftlich zu erzählen. Darum immer etwas Positives im Aufsatz suchen und das Kind dafür loben! Das kann ein besonders schönes, ungewöhnliches Wort sein, ein fehlerlos geschriebener Satz oder notfalls auch ein sauber geschriebener Satz.

es, möglichst ohne Komplikationen auf der obersten Treppenstufe anzukommen. Das funktioniert auch bei Rechenaufgaben, Fragen in Sachfächern usw. Ab und zu kann man auch Kinder um die Wette Treppen steigen lassen. Wenn Kindergartenkinder bei dem Spiel mitmachen wollen, muss man sich eigene Aufgaben einfallen lassen, z. B.: »Welche Farbe hat das Telefon von Tante Conny?« oder: »Wie heißt der Hund von Frau Kunze?«

Probleme mit Hausaufgaben

»Die Hausaufgabe mach ich später!« Wenn ein Kind ungern und nur mit Widerwillen an Hausaufgaben herangeht, sollte es bereits gelobt und ermutigt werden, wenn es »die Zähne zusammenbeißt« und beginnt. Sämtliche Faktoren, die die Konzentration beeinträchtigen könnten, müssen ausgeschaltet werden. Gespräche über Sinn und Bedeutung helfen dem Kind, Einsicht in die Notwendigkeit der Hausaufgaben zu bekommen. (Nicht immer ist es leicht, einen Sinn zu entdecken.)

Lob und Belohnung: Für erledigte Hausaufgaben wird natürlich ein Lob ausgesprochen und, wenn nötig, eine Belohnung in Aussicht gestellt, z. B. »Wir spielen nachher eine Runde Karten, Fußball …«

Wenn eine Woche lang die Hausaufgaben ohne Schwierigkeiten erledigt wurden, geht die Familie gemeinsam ins Kino oder tut etwas anderes, was das Kind gerne macht.

Falls das Kind kein Interesse am Stoff der Hausaufgabe hat, wäre es gut, wenn wenigstens der Erwachsene Interesse am Lernstoff zeigt und durch persönliche Beispiele – Heranziehen von Sachbüchern, Lexikon … – den Stoff für das Kind etwas interessant macht. Viele Kinder beginnen zwar die Hausaufgaben (zum Teil auch recht motiviert), verlieren aber alsbald die Lust und vertrödeln eine Menge Zeit. Zunächst ist es wichtig, alle Störfaktoren zu beseitigen. In einer kurzen, ermutigenden Mithilfe wird dem Kind gezeigt, dass es die Arbeit gut und rasch bewältigen kann.

Mach mal Pause!

Sicherlich wird es vorkommen, dass einmal mehrere Hausaufgaben zu erledigen sind und das Kind einen Tiefpunkt in der Leistungskraft erreicht hat. Jetzt ist eine Pause notwendig. Diese Pause dient dem Wiederaufbau der Kräfte, soll zeitlich begrenzt und überschaubar sein. Gut geeignet sind körperliche Aktivitäten wie Trampolinspringen, Seilspringen, ein Tischtennismatch (kein Fernsehen!).

Die Minutenpause: Handflächen so lange aneinander reiben, bis sie schön warm geworden sind. Dann die Augen schließen und die warmen Hände wie eine Decke aufs Gesicht legen. Die Wärme und die Entspannung genießen.

Solidarität

Gestatten Sie nicht, dass andere Familienmitglieder vor dem Fernseher sitzen oder fröhlich singend und lärmend durchs Haus tanzen, solange sich noch ein Kind mit seinen Hausaufgaben plagt.

Ich will jetzt raus! Dass Nachbarkinder oder Freunde bereits ungeduldig mit Fußball und Barbiepuppe vor dem Haus warten, während das eigene Kind noch über den Hausaufgaben brütet, darf auf keinen Fall einreißen. Ein klärendes Gespräch mit den Freunden, notfalls auch mit den Eltern, wird dieses Problem lösen.

Rock 'n' Roll für zehn Finger

Was man so alles mit den Fingern machen kann! Sogar Rock 'n' Roll tanzen ist möglich. Besonders für Schulanfänger ist es wichtig, ab und zu die Finger durch einen fetzigen Fingertanz zu ent-

krampfen, und am besten geht das natürlich mit flotter Musik! Also: Musik einschalten und dann drei Minuten rocken! Finger anwinkeln, ausstrecken, drehen, wackeln ...

Viel zu lang

Hausaufgaben sollten nicht länger als eine Stunde dauern – Ausnahmen sind ab und zu erlaubt. Wenn das Kind aber generell länger für die Hausaufgaben braucht, stimmt etwas nicht! Zuerst wird man ein Gespräch mit dem Kind über mögliche Gründe führen: Hat es etwas nicht verstanden? Liegt es am Schreibtempo (testen Sie den Füller!) ... Führt das zu keinem sichtbaren Erfolg,

> **»Bestrafung« ist unfair**
> *Kinder, die Hausaufgaben rasch und gründlich erledigt haben, dürfen nicht mit zusätzlichen Aufgaben »bestraft« werden: »Prima, jetzt hast du ja sogar noch Zeit, die Hanna vom Kindergarten abzuholen!«*

so ist ein Gespräch mit der Lehrkraft dringend nötig! Lassen Sie sich auf Elternabenden nicht von Angebereien wie »Mein Christoph ist immer schon nach zehn Minuten fertig!« beeindrucken.

Merk mal!

- ♥ Merksätze, Formeln, wichtige Geschichtsdaten und dergleichen merkt man sich prima, wenn man sie auf ein Plakat schreibt und es auf dem Klo an die Wand heftet.
- ♥ Gedichte und andere Texte, die das Kind auswendig lernen soll, werden vom Kind selbst oder zur Abwechslung auch vom Opa oder der großen Schwester auf Kassette oder MP3-Player gesprochen und laufen als »Hintergrundgeräusch«, während das Kind spielt, malt oder bastelt.
- ♥ Gestatten Sie Ihrem Kind, vom Lernstoff einen Spickzettel zu schreiben und danach gleich noch einen, der noch kleiner ist als der erste. Das Gute daran: Der Stoff bleibt im Gedächtnis, und der »Spicker« kann am Testtag getrost zu Hause bleiben.
- ♥ An Prüfungstagen immer die Lieblingskleidung anziehen oder zumindest solche Sachen, die ganz bequem sind und nicht kratzen.

Neuigkeiten

Sprechen Sie jeden Tag mindestens zehn Minuten lang mit Ihrem Kind in aller Ruhe über seine Erlebnisse in der Schule, was es Neues gelernt hat, welche Tests, Ausflüge, Schulfeiern anstehen, und was es so unter den Mitschülern an Neuigkeiten gibt. Aber Vorsicht: Nerven Sie die Kinder nicht mit ständigen Nachfragen – die werden leicht als Kontrolle missverstanden.

11.
Sag bloß!

*D*ie Sprache ist von fundamentaler Bedeutung für die Entwicklung eines Kindes, denn Sprechen bedeutet auch immer soziales Handeln. Reden Erwachsene mit einem Kind, kommt es nicht nur auf die Worte an, die sie wählen, sondern auch auf ihren Tonfall. Er macht die Musik wie auch ihre Körpersprache, ihre Mimik und Gestik. Signalisiert alles zusammen ein- und dasselbe, dann ist ihre Aussage klar und eindeutig für das Kind, und es wird kaum Schwierigkeiten haben, das einzuordnen, was es zu hören und zu sehen bekommt, selbst wenn es noch nicht alle Wörter versteht.

Was ist denn das?

Ein spannendes Wortschatzspiel im Dunklen: Das Zimmer wird verdunkelt. Der Erwachsene sitzt neben dem Kind in der Mitte des Zimmers und strahlt nun nacheinander mit einer Taschenlampe verschiedene Gegenstände an, z. B. die Vase auf dem Tisch. Kennt das Kind den passenden Begriff, geht es gleich weiter, jetzt wird die Kerze angestrahlt, danach der Kaktus auf dem Fensterbrett usw.

Übrigens ist dieses Spiel auch für größere Kinder ein lustiges Training englischer Vokabeln.

Familien-Sprachreform

Dass das Experimentieren und bewusste Umgehen mit Sprache Spaß machen kann, beweist dieses Spiel:

Für eine ganz bestimmte Zeit, bspw. während des Sonntagsfrühstücks, wird eine neue Sprache, nämlich Buchstabenvertauschen, vorgegeben.

Bei jedem längeren Wort werden die Anfangsbuchstaben der Wortteile vertauscht. Aus »Kuchenteller« wird »Tuchenkeller«, aus »Sonntag« wird »Tonnsag« und Dackel »Waldemar« heißt ab sofort »Maldewar«.

Wenn alle gleichermaßen gut aufpassen und sich an die neue »Rachspregelung« halten, kommt bestimmt eine lustige Unterhaltung zustande.

Knuspriges Finger-Lesen

Ein Kind wartet mit verbundenen Augen ganz gespannt, bis der Spielpartner ein kurzes Wort aus Buchstabenkeksen auf den Tisch gelegt hat, z. B.:

Ganz vorsichtig tastet der Fingerleser die Buchstaben ab. Kann er das Wort lesen? Die Kekse dürfen dann aufgegessen werden.

Cremiges Finger-Schreiben

Zugegeben, das ist nicht jedermanns Sache: Eine Portion kalter Pudding wird auf einem Backblech verstrichen, und dann darf das Kind nach Herzenslust mit den Fingern Kringel, Linien, Buchstaben und Zahlen hineinmalen. Gelegentliches Finger-Ablutschen ist natürlich besonders wichtig.

Entweder erlaubt man dem Kind, einen gerade in der Schule eingeführten Buchstaben zu backen, oder es darf als Überraschung für die übrigen Familienmitglieder jedem seinen Anfangsbuchstaben backen.

Ein Besuch in der Bücherei

Die beste Zeit für einen Büchereibesuch ist vormittags, denn dann ist es bei weitem ruhiger und gemütlicher als nachmittags oder abends. In den meisten Kinderbuchabteilungen gibt es freundliche Sitzecken, die zum Probelesen oder Bildergucken einladen. Das allerschönste Buch leihen wir uns als »Vorlesebuch der Woche« aus.

Reime vollenden

Vorschulkinder reimen meistens für ihr Leben gern. Das Spiel eignet sich deshalb prima, um Wartezeiten zu verkürzen.
Der Erwachsene sagt vielleicht: »Onkel Oswald, dieser Schurke, isst seine Wurst nie ohne ...« Und das Kind ergänzt dann »Gurke«.
Oder: »Im Sommer ist es heiß und trocken, da gehen wir gerne ohne ...« Das Kind ergänzt »Socken«.
»Draußen ist es kalt und nass, und drinnen spielt der Kontra-...« Das Kind ergänzt »-bass«.
Einfach drauflos dichten und nicht nachdenken, ob es Sinn hat, dann macht das Spiel richtig Spaß.

Ohne Blatt und Bleistift

Lustig schreibt es sich mit dem Finger
- 💜 auf angehauchte Fensterscheiben,
- 💜 in den feuchten Sand,
- 💜 in die Luft,
- 💜 auf Mamas Rücken,

Und natürlich mit Kreide oder einer wassergefüllten Gießkanne auf den Asphalt ...

Das Märchen-Verwurstel-Spiel

Auf viele kleine Zettel werden bestimmte Märchenfiguren notiert: Hexe, Wolf, 7 Raben, Königstochter, Prinz, Rotkäppchen, Frosch, Zwerg, Aschenputtel.
Das Kind faltet die Zettel zusammen und steckt sie alle in eine kleine Schachtel. Wer in der nächsten Zeit einmal krank ist oder traurig oder irgendwie sonst eine Geschichte verdient, darf drei Zettel ziehen, die Namen vorlesen, und zusammen mit der Mama, dem Papa, der Oma oder sonst einem netten Menschen eine passende Märchen-

Nur die Ruhe!

Seien Sie geduldig, wenn Sie mit Ihrem Kind sprechen! Kinder brauchen oft länger, um den Inhalt des Gesagten zu verstehen und darauf zu antworten. Viele Eltern machen den Fehler, zu schnell für das Kind zu antworten. Sie geben ihm vorformulierte Antworten zur Auswahl und anstatt zu sprechen, muss das Kind dann nur noch an entsprechender Stelle nicken. Besonders auffällig ist das auch, wenn man einem Telefongespräch zwischen Erwachsenen und kleinen Kindern zuhört. Haben Sie keine Angst vor minutenlangem Schweigen am Telefon während Sie auf die Antwort des Kindes warten. Sie kommt! Halten Sie durch!

Quatschgeschichte erfinden, in der diese Personen oder Tiere vorkommen. Also: »Da war mal eine kleine, lustige Hexe. Die packte ihren Frosch in die Tasche und ging ins Gasthaus zu den 7 Raben …«

Rechtschreibsuppe

Suppe mit Buchstabennudeln schmeckt allen Kindern, und sie können erste Wörter, z. B. ihren eigenen Namen, am Tellerrand auslegen und später aufessen. Es gibt aber noch viel mehr Spielmöglichkeiten:

- ♥ Wer findet in seiner Suppe zuerst ein R, ein F …?
- ♥ Alle Ts darf der Teddy futtern, darum sortieren wir diese Buchstaben aus und legen sie auf ein Extra-Tellerchen.

Krickelkrakel

Die ersten Schreibversuche des Kindes, meist einfache »Krickelkrakel«-Figuren, ernst nehmen! Lassen Sie sich das Geschriebene »vorlesen«. Auch kleine »Krickelkrakel«-Briefe, z. B. für die Oma, sind ernsthafte Anfänge, sich schriftlich auszudrücken.

- ♥ Alle Familienmitglieder legen zusammen das Suppennudel-Alphabet auf einem eigenen Teller.
- ♥ Natürlich kann man auch mit ungekochten Nudeln spielen und z. B. die

ersten, in der Schule gelernten Wörter mit Nudeln legen.

Rubbelbuchstaben

Kinder lieben es, Rubbelbilder herzustellen – warum also nicht auch von Buch-

Briefe schreiben

Schreiben Sie nach dem Diktat des Kindes Briefe, E-Mails und Karten an Verwandte und Freunde. Lesen Sie jeden Satz vor, damit das Kind den Zusammenhang zwischen Sprechen, Schreiben und Lesen erlebt.

staben? Die Buchstaben werden auf Sandpapier gemalt und ausgeschnitten. Dann klebt man jeden »Sandbuchstaben« auf ein Stück Pappe und übergibt diese dem Kind zum Rubbeln. Es legt ein Blatt Papier über den Rubbelbuchstaben und fährt jetzt mit gleichmäßigem Druck immer wieder mit dem flach gelegten Stift über das Papier. Wie von Zauberhand erscheint der Rubbelbuchstabe an der Oberfläche.

Ordnung in der Familie

Kinder, die gerade das Alphabet gelernt haben, haben Spaß an folgenden Spielen:

- ♥ Wie müssen sich die Familienmitglieder (inklusive Wuffi) aufstellen, damit ihre Vornamen alphabetisch geordnet sind? Also z. B.:

Wie müssen sich die Familienmitglieder aufstellen, damit sich die Endbuchstaben ihrer Vornamen in alphabetischer Reihenfolge befinden? In unserem Fall also: Christa, Berthold, Marie, Wuffi, Timo.

Wie würden wir mit Vornamen heißen, wenn die Buchstaben in unseren Namen der alphabetischen Reihenfolge entsprechen würden? Der Timo hieße dann glatt »Imot«!

Eine Liste Listen

Kinder schreiben gerne Listen, nicht nur die Wunschliste zur Weihnachtszeit oder die Liste für den nächsten Großein-

Aussage-Chaos

Kleine Kinder nehmen die Aussagen von Erwachsenen ernst. Darum ist es wichtig, stets darauf zu achten, dass man das Richtige sagt und auch wirklich so meint.

♥ *Beschreiben Sie genau, was Sie meinen! Statt: »Zieh die Schuhe an!« sagen Sie besser (wenn Sie das meinen) »Zieh deine Hausschuhe an!«*

♥ *Machen Sie positive Aussagen, also nicht: »Wenn du deine Hausaufgaben nicht fertig machst, darfst du auch nicht auf den Spielplatz!« sondern: »Sobald du deine Hausaufgaben fertig gemacht hast, gehen wir auf den Spielplatz!« Das hat die gleiche Aussage, klingt aber weitaus freundlicher und stärkt das Verhältnis zwischen Erwachsenem und Kind.*

♥ *Vermeiden Sie im Gespräch mit kleinen Kindern Redensarten bzw. doppeldeutige Aussagen wie z. B.: »Das behältst du aber besser für dich!«*

♥ *Sprechen Sie in einfachen, kompletten Sätzen und achten Sie immer auch auf den Ton. Für ein Kind ist die Art, wie Sie etwas sagen, weitaus wichtiger als das, was Sie sagen.*

♥ *Achten Sie darauf, dass jeder Satz nur eine Aussage/Aufforderung beinhaltet. Also Schachtelsätze vermeiden.*

♥ *Schauen Sie sich beim Sprechen an!*

kauf. Auch beim Listenschreiben trainieren die Kinder ihre Feinmotorik, das Rechtschreiben und erweitern ihren Wortschatz. Listen gibt es viele. Wie wäre es z. B. mit einer Liste der:

- ♥ besten Freunde/Freundinnen
- ♥ Lieblingstiere
- ♥ Lieblingsspeisen
- ♥ liebsten Beschäftigungen
- ♥ besten Bücher
- ♥ Dinge, die das Kind in den Sommerferien unternehmen möchte
- ♥ wichtigsten Telefonnummern/E-Mail-Adressen/Webseiten
- ♥ fantasievollsten Schimpfwörter

Füttern, futtern, fressen . . .

Gehen Sie öfter mal mit Ihrem Kind in den Zoo! Wer das Glück hat, bei der Fütterung der Tiere zusehen zu können, kann mit dem Kind zusammen viele Wörter für das »Essen« der Tiere sammeln. Also, der Löwe schlingt, das Kamel kaut, das Nilpferd schlürft, der Affe knabbert ...
Ein anderes Mal konzentriert man sich auf die Gangart der Tiere oder die Farbenvielfalt ...

Geheimbotschaft

Erstleser staunen über eine Geheimbotschaft in Spiegelschrift. Erst wenn man sich mit dem Zettel vor den Spiegel stellt, kann man die Botschaft entziffern.

Singen ist Sprache

Singen Sie so viel wie möglich mit Ihrem Kind! Das Kind lernt die Liedertexte meistens sehr schnell, weil ihm die Reime und die Melodie dabei helfen. Sprechen Sie über Wörter, die dem Kind vermutlich noch unklar sind.
Tipp: Schulung der akustischen Konzentration – singen Sie mit dem Kind und bauen Sie in Ihren Gesang einen Wortfehler ein. Wie reagiert das Kind darauf? Fällt es ihm überhaupt auf? Wie gut hört es zu, während es selbst singt?

Alphabetjagd in der Küche

Während ein Erwachsener in der Küche arbeitet, sucht das Kind nach einem Gegenstand, dessen Name mit einem vom Erwachsenen vorgegebenen Buchstaben beginnt. Der Papa sagt z. B. »K«, und das Kind schaut sich genau in der Küche um, bis es etwas Passendes gefunden hat: Kühlschrank, Kochlöffel, Kaffeekanne usw. Dann nennt das Kind einen Buchstaben (wahrscheinlich »Y«!), und der Papa muss suchen.

Doppeltes Kreuzworträtsel

Ein fertig ausgefülltes Kreuzworträtsel – und der Spaß ist noch lange nicht vorbei. Das Kind übernimmt jetzt das Rätsel und kreist z. B. alle E mit einem Rotstift ein und alle A mit einem grünen Stift. Dieses Spiel fördert u. a. auch ganz enorm die Konzentration.

Mein persönliches Kreuzworträtsel

So ein selbst gemachtes Kreuzworträtsel ist eine tolle Überraschung für ein Kind ab der zweiten Klasse. Notieren Sie Fragen wie:

- ♥ Welche Farbe hat Papas Handy?
- ♥ Wie heißt der Hund von Frau Fischer?
- ♥ In welchem Ort wohnt die Oma?

... und bauen Sie ein einfaches Kreuzworträtsel mit den Lösungswörtern. Ganz besonders interessant wird es, wenn Sie mehrere Buchstabenfelder mit einem roten Stift einrahmen, die zusammen gelesen ein Lösungswort, z. B. den Vornamen des Kindes, ergeben.

Der Riesenbuchstabe

Auf Tonpapier oder Pappe wird der Anfangsbuchstabe des Vornamens aufgezeichnet und danach ausgeschnitten. Das Kind darf seinen Anfangsbuchstaben mit vielen bunten Resten von Ge-

schenkpapier bekleben und an seiner Zimmertür aufhängen.

Ganz toll wäre es auch, wenn das Kind zusammen mit einem Erwachsenen alte Illustrierte und Kataloge durchsieht, auf der Suche nach Dingen, die ebenfalls mit diesem Buchstaben beginnen. Der Benjamin findet da z. B. einen Ball, einen BMW, ein Buch, eine Brille u. v. m. Die Bilder werden ausgeschnitten und auf den Riesenbuchstaben geklebt.

Geschenktipp: Den Pappbuchstaben mit Geschenkpapier oder Bastelfolie überziehen und mit vielen bunten Bonbons bekleben. Ein tolles Geschenk!

Von A bis Z

Im Telefonbuch sind die Namen der Teilnehmer nach dem Alphabet aufgelistet, das weiß jedes Kind spätestens in der zweiten Klasse. So können Sie ohne Telefonbuch, z. B. auf einer Autofahrt, mit dem Kind das Alphabet üben: Welche

Ohne dir kann ich nicht bin

Korrigieren Sie die Grammatik Ihres Kindes nicht, sonst hört es auf bzw. fängt gar nicht erst an, fließend zu sprechen. Jedoch können Sie ab und zu einen Satz des Kindes mit richtiger Grammatik und in einem freundlichen Ton wiederholen. Beispiel: Das Kind sagt: »Ich gangte zum Bäcker.« Sie könnten jetzt wiederholen: »Du gingst also zum Bäcker ...«

drei Namen könnten beispielsweise zwischen »Bäcker« und »Müller« zu finden sein?

Weil das Telefonbuch sonst zu dick wä-

re, hat man zwei Bücher daraus gemacht. Im ersten stehen die Namen von A–K, im zweiten die von L–Z.

- ♥ Welches Buch brauche ich, um unsere Telefonnummer zu finden?
- ♥ In welchem Buch steht die Telefonnummer von der Nachbarin, Frau Schuster?
- ♥ Welchen Namen könnte ich zwischen »Bach« und »Buchwald« finden?

Abc-Büchlein

Ein kariertes Schulheft wird in ein Abc-Büchlein verwandelt, wenn man auf der linken Seite einen bestimmten großen

Druckbuchstaben schreibt, z. B. A. Das Kind bekommt nun eine alte Illustrierte und sucht mit einem Erwachsenen zusammen nach Abbildungen von Dingen, deren Namen mit A beginnt, z. B. einen Apfel, einen Affen, einen Arm ... Diese Dinge schneidet das Kind aus und klebt sie auf die rechte Seite neben dem jeweiligen Buchstaben ins Abc-Büchlein. Natürlich wird man zuerst solche Buchstaben aussuchen, die das Kind leicht unterscheiden kann und die man häufig in Illustrierten findet. Also verzichten Sie auf die alphabetische Reihenfolge, und lassen Sie Buchstaben wie C, J, Q, X und Y vorerst noch weg.

Das Buchstabenspiel im Sandkasten

Schreiben Sie mit dem großen Zeh den Anfangsbuchstaben vom Namen Ihres Kindes in den Sand, und lassen Sie das Kind eine Murmel in der Spur entlang rollen. So lernt es nicht nur das »Bild« des Buchstabens sondern auch die Schreibweise!

Die Buchstabenspur kann später noch mit Steinchen ausgelegt werden!

Buchstabenkekse

Mit Buchstabenkeksen kann man kleine Wörter legen, z. B. »WOLF«. Danach kann man den anderen stolz erzählen, dass man doch glatt einfach so zwischendurch einen Wolf verspeist hat!

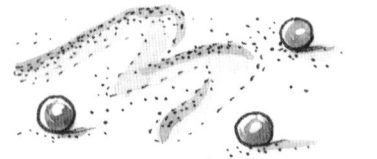

Geschichten vorlesen

Lesen Sie sich, wenn irgend möglich, die Geschichte selbst einmal durch. Unterstreichen Sie die Wörter, die Ihrem Kind vermutlich nicht oder nur schwer verständlich sind. Erklären Sie diese schwierigen Wörter, bevor Sie anfangen, die Geschichte zu lesen. Stellen Sie das unbekannte Wort am besten in einen Satz, und lassen Sie das Kind überlegen, was das neue Wort wohl bedeuten könnte. Stoppen Sie das Vorlesen an einer geeigneten Stelle und lassen Sie das Kind vermuten, wie die Geschichte weitergehen soll. Stellen Sie Fragen zu der Geschichte, z. B.: »Wie heißt Sabrinas Freund?«, »Warum kam die Oma so spät?«.

Erzählen Sie dieselbe Geschichte ruhig mehrmals – Kinder lieben Wiederholungen und brauchen diese meistens auch zum Verständnis bzw. zur Verarbeitung des Gehörten.

Das Vornamen-Spiel

Jedes Kind schreibt die ersten drei Buchstaben seines Vornamens auf ein Blatt Papier. Markus würde z. B.: »Mar« aufschreiben. Dann heißt es »Auf die Plätze, fertig, los!«, und alle notieren innerhalb der nächsten drei Minuten so viele Wörter wie möglich, in denen ihre drei Buchstaben vorkommen. Die Reihenfolge der Buchstaben ist dabei egal. Markus könnten diese Wörter einfallen: Marzipan, Rahm, Kamera, Arm, Aroma, mager ...

Um die Wette reimen

Ein Spieler gibt ein Wort vor, z. B. »Schnee«. Nun muss abwechselnd jeder Mitspieler ein Wort nennen, das sich auf »Schnee« reimt, also vielleicht: Klee, Reh, See, weh, Fee usw. Wer kein Reimwort mehr weiß, scheidet aus. Wer als Sieger übrig bleibt, darf das nächste Wort vorgeben.

Die Schreibmaschine

Eine alte Schreibmaschine, z. B. vom Flohmarkt, kann ein Vorschulkind stundenlang beschäftigen. So kann es lauter Buchstabenquatsch zusammentippen und Mama oder Papa vorlesen lassen, oder es sucht die Buchstaben heraus, die sich ähnlich sehen, z. B. N und M; P und R; O und Q. Oder es versucht, seinen Vornamen und andere Wörter nach Vorlage zu schreiben u. v. m.

Nie bin ich dran!

Achten Sie darauf, dass jedes Kind zumindest einigermaßen gleich häufig an der Reihe ist, etwas zum Gespräch oder zur Diskussion in der Familie beizutragen.

Rucksackabenteuer mit ÖKOTOPIA

KNUD dem Umweltforscher

Jetzt kommt Knud!

Kinder lieben es, mit allen Sinnen die Natur zu entdecken. Mit Forscherdrang und Begeisterung ziehen sie los, um Erde und Luft, Wald oder Wasser ganz genau unter die Lupe zu nehmen. Mit KNUD dem Umweltforscher wird das zum Kinderspiel: Unsere neue Reihe bietet ein umfangreiches Materialpaket für ErzieherInnen, GrundschulpädagogInnen und Eltern: Von Experimenten und Spielaktionen über Unterrichtsmaterial bis hin zu Hörbuch-CD, Forscherset und Spielpuppen ist alles dabei!

Unser KNUD-Konzept: naturwissenschaftliches Lernen mit Spiel und Spaß!

Alle KNUD-Materialien ergänzen sich gegenseitig. Sie sind sowohl in Kombination wie auch einzeln einsetzbar! Weitere Infos unter: www.umweltknud.de

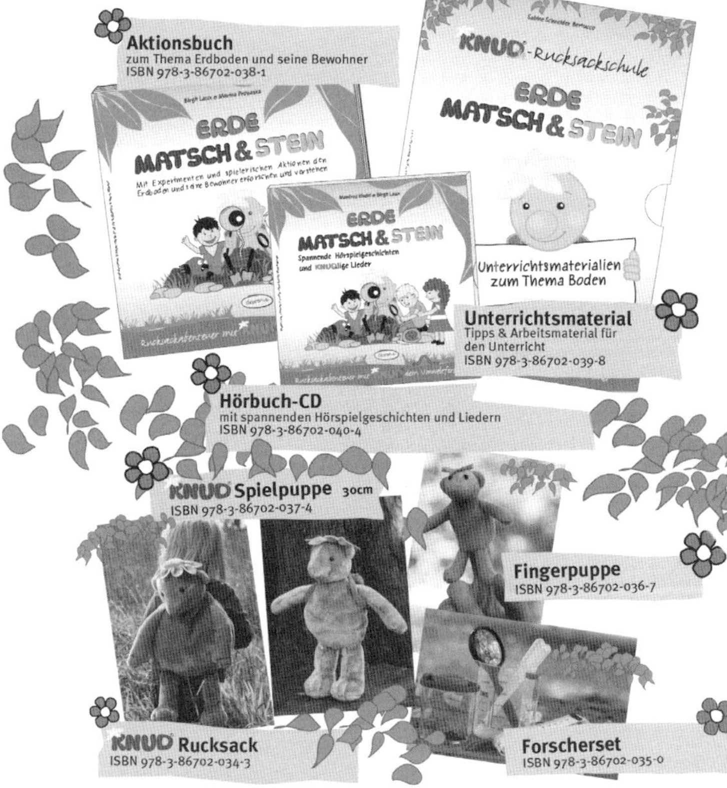

Aktionsbuch
zum Thema Erdboden und seine Bewohner
ISBN 978-3-86702-038-1

KNUD-Rucksackschule
ERDE MATSCH & STEIN
Unterrichtsmaterialien zum Thema Boden

Unterrichtsmaterial
Tipps & Arbeitsmaterial für den Unterricht
ISBN 978-3-86702-039-8

Hörbuch-CD
mit spannenden Hörspielgeschichten und Liedern
ISBN 978-3-86702-040-4

KNUD Spielpuppe 30cm
ISBN 978-3-86702-037-4

Fingerpuppe
ISBN 978-3-86702-036-7

KNUD Rucksack
ISBN 978-3-86702-034-3

Forscherset
ISBN 978-3-86702-035-0

WWW.UMWELTKNUD.DE